Peter Beck

Aquarium
Grundkurs

Kosmos

Auch die bekannten Platys brauchen richtige Pflege. Es gibt viele verschiedene Zuchtformen.

Aquarienpflanzen, hier eine Karolina-Haarnixe, versorgen das Wasser mit dem nötigen Sauerstoff.

Inhalt

Faszination Aquaristik
WO FISCHE SICH WOHLFÜHLEN 4

Die Heimat der Fische 6
Die Natur nachahmen 6
So ist der Einstieg leicht 7
Artenschutz 7

Wie das Aquarium funktioniert
FREUDE AM AQUARIUM VON ANFANG AN 8

In der Mietwohnung 9
Sicherheit 9
Standort 10
Becken 10
Heizung 11
Filter 11
Filtermaterialien 12
Der Sicherheitstest 13
Durchlüftung 13
Licht 13

Aufbauen und installieren
DAS AQUARIUM FISCHGERECHT EINRICHTEN 14

Rückwand 16
Weitere Ausstattung 16
Der richtige Bodengrund 16
Gestalten 16
Wasser einfüllen 17
Wasser aufbereiten 17
In Betrieb nehmen 17

Das Aquarium richtig pflegen
FISCHE BRAUCHEN GESUNDES WASSER 18

Wie in der Natur 19
Gesamthärte GH 20
Karbonathärte KH 21
pH-Wert, Temperatur 21
Sauerstoff 22
Schnelle Hilfe bei Wasserproblemen 23

Schöne Pflanzen im Aquarium
FISCHE BRAUCHEN WASSERPFLANZEN 25

Vorbereiten, Einpflanzen 26
Pflanzenpflege, Ernährung 26
Schnelle Hilfe bei Pflanzenproblemen 27
Die Pflanzen im Porträt 28

Auswahl und Pflege
AQUARIENFISCHE FÜR EINSTEIGER 34

Wann einsetzen? 34
Die richtige Fischauswahl 36
Beim Fischkauf beachten 37
Transportieren und einsetzen 37
Gesunde Ernährung 38
Fertigfutter 38
Lebendfutter 39
Spezialfutter 40
Wie und wann füttern? 40
Schnelle Hilfe bei Fischkrankheiten 41
Die Fische im Porträt 42
Salmler 42
Karpfenfische 45
Welse 48
Killifische 50
Lebendgebärende Zahnkarpfen 50
Kletterfische 52
Buntbarsche 54
- aus dem Tanganjikasee 57
- aus dem Malawisee 58
Halbschnäbler 59

Literatur, Register 60
Impressum 62

Extra
CHECKLISTEN UND PFLEGEPLÄNE 63

Aquarienkombinationen gibt es in vielen Formen und Farben.

Faszination Aquaristik

Wo Fische sich wohl fühlen

Viele träumen davon: einmal einen Blick in die geheimnisvolle Unterwasserwelt des Amazonas oder in einen thailändischen Urwaldbach werfen.

Der Lebensraum des Roten von Rio (kleines Bild) am Stadtrand von Rio existiert nicht mehr.

Schön eingerichtete Aquarien holen den Urwald hinter Glas ins Wohnzimmer.

Oder einmal in den Tanganjika- oder Malawisee zu schauen! Mit einem Aquarium läßt sich dieser Traum kostengünstig - und sogar in den eigenen vier Wänden - auf Dauer verwirklichen. Die Aquaristik ist ein faszinierendes und darüber hinaus lehrreiches Hobby.
Wen „Manigua", der brasilianische Wassergeist, erst einmal erfaßt hat, den läßt er meistens nicht mehr los.
Eine grüne Landschaft hinter Glas mit gleißenden und funkelnden Fischen darin wirkt wie eine Bühne mit ständig wechselndem Programm.

Selbst in Trittsiegeln von Wasserbüffeln können Labyrinthfische leben.

Die Fische werden mit großen Netzen gefangen und vor dem Export gehältert.

Damit es den Hauptdarstellern, den Fischen und Pflanzen und dem Heer der im Verborgenen lebenden Mikroorganismen, an nichts mangelt und sie sich stets wohl fühlen, ist manches zu beachten.
Dabei wird uns Einblick in die Welt des lebendigen Wassers gewährt, und wir begreifen vieles, was uns sonst verborgen bliebe.

DIE HEIMAT DER FISCHE

Natürlich muß man die Fische und Pflanzen richtig pflegen. Am besten gelingt dies, wenn wir hinter die Kulissen tropischer Gewässer blicken.
Unsere Pfleglinge stammen ursprünglich alle aus den Tropen. Dort leben sie in vielerlei Biotopen: vom kleinsten Tümpel bis zum See, von der sprudelnden Quelle über den mal rauschenden, mal träge dahinfließenden Bach bis hin zu jenem Fluß, der in den großen Strom mündet und im weiten Delta im Meer endet. Bedingt durch Regen und Trockenzeit verändern sich die Lebensbedingungen der Fische in gewissen Rhythmen und Zyklen. Dies gilt für die Wasserchemie (die Inhaltsstoffe und der pH-Wert ändern sich), für physikalische Faktoren (Wassertemperatur- und Luftdruckschwankungen, unterschiedlicher Wasserstand) und für unterschiedliche Lichtverhältnisse.
Je nach Quelle, Untergrund (Bett oder Ufer) und Zufluß kann das Wasser weich, sauer und nährstoffarm oder aber hart, basisch und nährstoffreicher sein. Dazwischen gibt es viele Übergänge. Die Farbe kann rot bis schwarzbraun (Schwarzwasser) oder kristallklar (Klarwasser) bis hin zu lehmig trüb sein (Weißwasser, Fotos S. 18).
Evolutionsbedingt sind die Fische bestens an die jeweiligen Bedingungen angepaßt. Sie leben aber auch nicht immer im Schlaraffenland, und in manchen Zeiten ist auf ihrem Speiseplan „Schmalhans Küchenmeister".

DIE NATUR NACHAHMEN

Im Vergleich zu tropischen Gewässern ist unser Aquarium weniger als ein Finger-

hut voll Wasser. Und doch lassen sich – weil vieles darüber erforscht und erprobt wurde – auch im Aquarium Rahmenbedingungen schaffen, die es möglich machen, viele Fische und Pflanzen aus den Tropen hier bei uns mit Leitungswasser, das man natürlich aufbereiten muß, nahezu problemlos zu pflegen und sogar zu vermehren.
Je extremer das Ursprungsgewässer jedoch ist, desto mehr Wissen ist nötig, um auch sogenannte „Seltenheiten" artgerecht und dauerhaft pflegen oder gar nachzüchten zu können.
Tropische Gewässertypen auf den Punkt genau nachzuahmen, wäre technisch und chemisch möglich. Optisch würde das oft weniger gefallen, denn ein natürlicher Weißwasserbiotop, in dem viele unserer Aquarienfische leben, ist nicht gerade eine Augenweide.

SO IST DER EINSTIEG LEICHT

In unserem ersten Aquarium sollen solche Arten gepflegt werden, die ursprünglich zwar auch aus den Tropen stammen, aber nicht mehr in ihrem natürlichen Lebensraum gefangen werden müssen. Vielmehr werden sie bei uns oder im Ausland (hauptsächlich in Südostasien oder den Ursprungsländern) regelmäßig nachgezüchtet und sind daher an Wasserbedingungen gewöhnt, die man gut nachahmen kann.
Alle anderen Bedürfnisse der Aquarienfische lassen sich mit gutem Willen und relativ geringem Aufwand – wie wir sehen werden – hervorragend erfüllen.

ARTENSCHUTZ

So bleiben durch die Aquaristik auch Fischarten erhalten, die in der Natur durch Umwelt- und Lebensraumzerstörung schon jetzt in ihren ursprünglichen Lebensräumen nicht mehr vorkommen oder dort in ihrer Existenz stark bedroht sind.

TIP: Aus der Verantwortung allem Lebendigen gegenüber muß man auch unseren Pfleglingen im Aquarium die Bedingungen bieten, die weitestgehend ihrer Natur entsprechen. Deshalb ist als erstes zu überlegen, welche Fisch- und Pflanzenarten man pflegen und vergesellschaften möchte. Denn danach richtet sich die Art und Ausstattung des Aquariums, vor allem aber die Wasserbeschaffenheit.

Echinodorus wächst auch aus dem Wasser heraus (emers).

Vorbild für unser Aquarium ist die Natur.

Wie das Aquarium funktioniert

Freude am Aquarium von Anfang an

Der erste Schritt zum schönen Aquarium führt zum Zoofachgeschäft, wo es auch eine große Auswahl gesunder Fische und Pflanzen gibt.

In dicht bepflanzten und schön gestalteten Aquarien fühlt sich der Neonsalmler wohl.

Hier haben Sie die Gewähr, daß Sie neben der kompetenten Beratung auch die richtige Ausstattung mit Garantie sowie vollen Service erhalten.
Bei sog. Schnäppchen, gebrauchten oder selbstgebastelten Aquarien ist Mißtrauen angebracht. Denn ein fehlerhaftes Becken ohne Garantie, mit unzureichender Technik oder (veralteter) Billigausstattung kann den Vorbesitzer zur Aufgabe seines Hobbys gebracht haben und wird nicht ausreichen, um Fische und Pflanzen optimal gedeihen zu lassen. Gehen Sie von Anfang an auf Nummer Sicher, dann haben Sie garantiert mehr Freude am Aquarium!

IN DER MIETWOHNUNG

Die Aquaristik kann, wenn sie im normalen Rahmen betrieben wird, von keinem Vermieter verboten werden. Voraussetzung ist, daß keine Belästigungen und keine Beschädigung der Mietsache entstehen.

SICHERHEIT

In Mietwohnungen empfiehlt es sich, die Haftpflichtversicherung auf Schäden erweitern zu lassen, die Dritten durch das Aquarium entstehen könnten.

Wichtig: Bei Becken ab ca. 150 l die Belastbarkeit des Fußbodens prüfen. Die nötigen Daten hat der Vermieter oder der Architekt. Das Gewicht beträgt pro Liter Wasser 1 kg, dazu das Gewicht des Beckens und des Unterschranks. Bodengrund und Dekomaterialien wiegen kaum mehr als Wasser.

DER STANDORT

Der beste Platz ist fern von direkter Sonneneinstrahlung, weil sie Algenbildung fördert und das Wasser aufheizen kann. Also nicht am Fenster oder auf bzw. direkt neben einer Heizung. Der Platz darf ruhig dunkel sein. Dann wirkt die Unterwasserlandschaft als attraktiver Blickfang. Kleinere Becken stehen gut auf einem Schreibtisch, einer fest verankerten Konsole oder in einem stabilen Wandregal. Wer gleich eine Kombination aus Becken und Unterschrank wählt, braucht sich um die Stabilität keine Sorgen zu machen. Oder wie wäre es mit einem Aquarium als Raumteiler?
Stromanschluß und 4 Steckdosen sind nötig.

TIP: Das Becken muß stabil und waagrecht stehen. Wenn nötig, den Schrank ausgleichen, nie das Aquarium!

DAS BECKEN

Man wählt es so groß wie möglich, weil große Becken attraktiver, biologisch stabiler und einfacher zu pflegen sind.
Neben den Normbecken (Tabelle) gibt es Dreieck- und Achteckbecken und

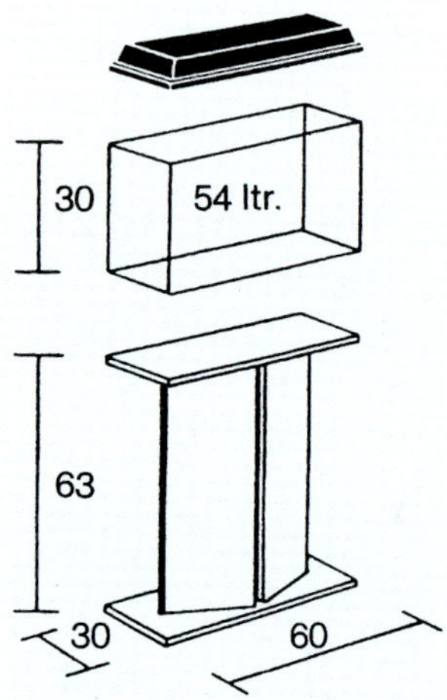

Becken mit Standard-Maßen gibt es komplett mit Abdeckung und Tisch oder Unterschrank.

Sondermaße auf Anfrage. Mit abgeschrägter oder gar gewölbter Frontscheibe eröffnen sich neue Dimensionen.

EINKAUFSZETTEL

- Becken mit passender Isolierunterlage
- evtl. Unterschrank
- Abdeckung mit Beleuchtungseinrichtung
- Leuchtstoffröhren
- Rückwand
- Filter, Filtermasse
- Heizung, Thermometer
- Scheibenreiniger
- Kunststoffschlauch für Wasserwechsel
- Mulmabsauger
- Aquarienkies
- Dekomaterial (Wurzeln, Steine, Tonröhren usw.)
- Bodengrunddünger
- Wasseraufbereitungsmittel
- Starterbakterien
- Wassertests (Nitrit, pH, GH, KH)
- CO_2-Dauertest
- evtl. CO_2-Anlage
- Aquarienpflanzen
- Fischfutter, Fischnetz
- noch keine Fische!

DIE BECKENGRÖSSE

Normaquarien aus bestem blendfreiem Spiegelglas mit TÜV- und GS- Zeichen gibt es in vielen Größen:

40x25x25 cm	=	25 l
50x30x30 cm	=	45 l
60x30x30 cm	=	54 l
80x35x40 cm	=	112 l
80x40x50 cm	=	160 l
100x40x40 cm	=	160 l
100x40x50 cm	=	200 l
100x50x50 cm	=	250 l
120x40x50 cm	=	240 l
120x50x50 cm	=	300 l

Die Unterlage muß völlig eben und stabil sein.

DIE HEIZUNG

Da die meisten Aquarienfische aus den Tropen stammen, muß man das Wasser erwärmen. Am gebräuchlichsten ist ein thermostatgesteuerter Heizstab. Man wählt die Wattstärke nach Beckenvolumen und Raumtemperatur: ab 20 °C genügt 0,5 Watt Heizleistung je Liter Wasser. Unter 20 °C Raumtemperatur braucht man 0,75 Watt. Wenn die Fische mehr als 26 °C brauchen, wählt man 1 Watt pro Liter. Die Heizung nie überdimensionieren, sonst ist bei Thermostatdefekt die Überhitzungsgefahr zu groß.

TIP: Den Heizer frei von Kies oder Dekomaterial gegenüber dem Filtereinlauf anbringen. Beim Wasserwechsel stets den Stecker ziehen!

Wer gleichmäßige Temperaturen, üppigen Pflanzenwuchs durch gute Bodendurchflutung und absolute Sicherheit möchte, wählt eine Bodenheizung mit Heizkabel und exakter elektronischer Temperatursteuerung. Praktisch sind auch Thermofilter, die zugleich filtern und thermostatgesteuert heizen.
Die Temperatur wird mit einem guten Aquarienthermometer überwacht. Zweckmäßig ist ein Bodenseckthermometer plus fixierbares Schwimmthermometer. Außen angeklebte Flüssigkristallthermometer haben den Nachteil, daß sie auch die Raumtemperatur mit messen.

DER FILTER

Der Filter soll über Materialien, auf denen sich viele nützliche Bakterien ansiedeln, den Schadstoffabbau sichern und durch Zurückhalten von Schmutzpartikeln für klares Wasser sorgen.
Größe und Volumen des Filters richten sich nach

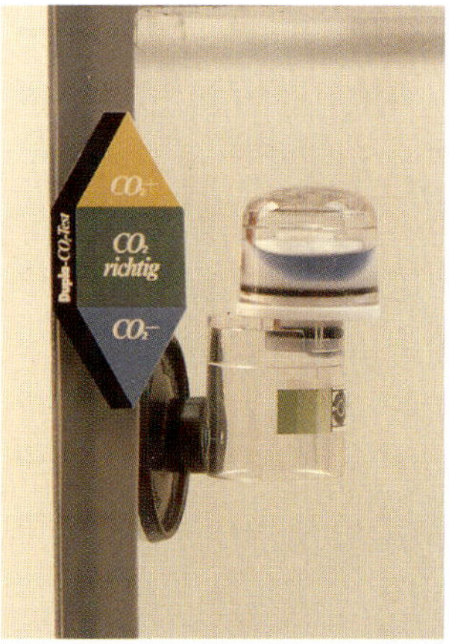

Ein CO_2-Dauertest bietet Sicherheit auf einen Blick.

Beckengröße und Besatz. Generell sind auch die Strömungsbedürfnisse der Fische zu beachten.
Stündlich sollen 80-100% des Beckeninhaltes das Filtermaterial passieren. Je länger das Filtermaterial im Filter bleibt, um so geringer wird aber der Durchlauf.
Bewährt haben sich für Bekken bis 60 l Inhalt luftpumpenbetriebene Schaumstofffilter. In der Patrone können sich nützliche Bakterien ansiedeln, und Schwebeteilchen aller Art werden zurückgehalten. Sog und Wasserbewegung sorgen für gute Durchmischung des Beckeninhaltes. Ebensogut geeignet sind elektrisch regulierbare Modulinnenfilter.
Topffilter sollen ein möglichst großes Volumen haben. Für große Becken eignen sich Rieselfilter.

Moderne Aquarienfilter bieten überzeugende Leistung, guten Bedienungskomfort, geräuschlosen Lauf, moderne und perfekte Technik, schönes Design und geringen Stromverbrauch. Bestehen Sie beim Kauf auf TÜV- und GS-Zeichen und Garantie.

FILTERMATERIALIEN

Mechanische Filtermassen entfernen feste Partikel aus dem Wasser. Es gibt Perlonwatte, Matten, Vlies, Tropfkörper und Tonröhrchen sowie Spezialschaumstoffe (die nach einiger Zeit auch biologisch wirken).
Für den wichtigen biologischen Schadstoffabbau braucht man Tropfkörper oder Spezialsubstrate, die durch ihre große Oberfläche die Ansiedlung vieler Bakterien ermöglichen. Die volle Wirkung setzt meist erst nach 2-3 Wochen ein. Diese Zeit kann man durch Zugabe von „Startbakterien" wesentlich verkürzen.
Stark verschmutztes Filtermaterial wird ausgetauscht, wenn die Filterleistung merklich abnimmt.

TIP: Niemals alles Filtermaterial zugleich austauschen oder säubern, damit immer genügend Bakterien vorhanden sind.

Um schädliche Substanzen wie Chlor, Medikamentenrückstände, Trübungen oder einen starken Gelbstich zu entfernen, kann man zusätzlich Filterkohle einsetzen. Nach ca. 48 Stunden wieder entfernen, weil dann die Adsorptionswirkung rapide nachläßt und die gebundenen Stoffe wieder freiwerden können.
Chemische Filtermassen kommen zum Einsatz, wenn das Wasser verändert werden soll: z. B. Filtertorf zum Ansäuern, Austauschermaterial zum Enthärten, Härtebildner zum Aufhärten. Sie werden in Filtersäckchen gefüllt.
Mit einem Schnellfiltereinsatz kann man das Wasser schnell klären, bzw. mit einem Diffusor mit Sauerstoff anreichern.

DER SICHERHEITS-TEST

Mit dem sog. CO_2-Dauertest wird nach Inbetriebnahme des Aquariums anfangs der pH-Wert gemessen, nach ca. 30 Minuten wird der CO_2-Status angezeigt; grün ist optimal. Wenn die Farbskala in den gelben Bereich kommt, kann der pH-Wert zu niedrig und zuviel CO_2 im Wasser sein, was höchste Gefahr für die Fische bedeutet (Säuresturz). Bei dunkler Blaufärbung ist der pH-Wert zu hoch, und die Pflanzen erhalten nicht genug CO_2 zur Photosynthese; sie produzieren dann zuwenig Sauerstoff und wachsen nicht mehr. Der CO_2-Dauertest ist ein „Muß" für jedes Aquarium.

DURCHLÜFTUNG

Auf sie kann beim Normalbetrieb eines gut bepflanzten Aquariums mit wenigen Fischen meist verzichtet werden.
Wird bei Hitzeperioden das Wasser zu warm, besteht allerdings die Gefahr des Sauerstoffmangels. Dann vorsorglich zumindest nachts, wenn auch die Pflanzen Sauerstoff verbrauchen, einen luftbetriebenen Ausströmer einsetzen, der über die Licht-Zeitschaltuhr an- und wieder ausgeschaltet wird. Die Luftpumpe kann auch einen „Mulmsauger" betreiben.

Glocken zum Absaugen des Mulms sind praktisch.

TIP: Die Luftpumpe immer über dem Becken anbringen und ein Rückschlagventil benutzen, dann läuft kein Wasser zurück in die Pumpe.

LICHT

Unentbehrlich ist die richtige Beleuchtung für guten Pflanzenwuchs und für das Wohlbefinden der Fische und vieler Mikroorganismen. Fische brauchen u.a. Licht zum Skelettaufbau (Vitamin-D3-Synthese), für Haut, Stoffwechsel und psychisches Wohlbefinden, so daß sie ihre schönsten Farben zeigen. Wählen Sie eine Abdeckung mit Reflektor und möglichst mehreren Röhren. Pro Liter Wasser braucht man 0,4-0,7 Watt bzw. pro 10 cm Wassertiefe eine Röhre. Günstig für das Pflanzenwachstum ist die Kombination von mehreren Lichtfarben, die denen des Sonnenlichts nahekommen (Vollspektrum). Kalttonlampen mit hohem Blauanteil regulieren das Längenwachstum, Warmtonlampen mit hohem Rotanteil das Breitenwachstum. Für oben offene Becken eignen sich sog. HQL-Lampen.

Steine und Wurzelholz wirken natürlich und bieten viele Gestaltungsmöglichkeiten.

Aufbauen und installieren

Das Aquarium fischgerecht einrichten

Dank der richtigen Technik fühlen sich die Fische wohl. Pflanzen und Dekoration sorgen dafür, daß das Aquarium wie ein grünes Bild wirkt.

Vor dem Aufstellen wird das Becken innen und außen gründlich mit Essig gereinigt, nachgespült und abgetrocknet.

Am vorgesehenen Standort wird als erstes mit einer Wasserwaage geprüft, ob das Becken völlig im Lot steht.

Zur Sicherheit und Wärmedämmung kommt unter das Aquarium eine 0,5 - 1 cm dicke Isolierplatte oder -matte. Steht das Becken in einem kühlen Raum, werden

Aus oben offenen Becken können die Pflanzen hinauswachsen.

Der Indische Wasserfreund wirkt vor dunklem „Hintergrund".

Zuerst werden Bodengrund und Dekomaterial eingebracht.

auch die Außenseiten noch isoliert.

RÜCKWAND

Eine schöne Rückwand vermittelt Tiefe und Natürlichkeit. Für kleinere Aquarien empfehlen sich Fotorückwände (mit ruhigen, natürlich wirkenden Motiven), die von außen anzuheften sind. Ist mehr Tiefe vorhanden, vermitteln tiefgezogene Rückwände den natürlichsten Eindruck, wenn sie Patina angesetzt haben. Im Becken muß die Rückwand lückenlos am Glas anliegen. Sie läßt sich aber auch mit einem einfachen Rahmen hinter dem Becken plazieren.

WEITERE AUSSTATTUNG

Unter große Steine oder Felsaufbauten kommen für den sicheren, unverrückbaren Stand Styroporteile.

Als nächstes wird das technische Zubehör wie Filter, Heizer und CO_2-Anlage exakt nach den Gebrauchsanweisungen installiert, aber noch nicht in Betrieb genommen.

DER RICHTIGE BODENGRUND

Für einen guten Pflanzenwuchs braucht man kalkfreien Aquarienkies mit einer Körnung von 3-5 mm. Alles andere schadet nur. Der Fische wegen sollte er möglichst rund (nie scharfkantig!) und von gedeckter Farbe sein und gut gewaschen werden.
Will man Panzer- oder Harnischwelse pflegen, wird ca. 1/3 der Bodenfläche (Vorder- oder Mittelgrund) mit rundem Kies (1-2 mm) ca. 3 cm hoch gefüllt. Ansonsten wird der Kies ca. 1-2 cm hoch eingebracht. Darauf wird ein eisenhaltiger Depotdünger (Langzeitdünger) gleichmäßig verteilt und wiederum mit 3-5 cm Kies abgedeckt. Der Optik wegen und zum besseren Absaugen von Mulm soll der Bodengrund nach hinten etwas ansteigen.
Viele Fische brauchen Wurzeln (z.B. Saugwelse als Weide) und Steine als Versteck. Geeignet sind Basalt, Granit, kalkfreier Schiefer, Steinholz. Alle Wurzeln aus dem Zoogeschäft sollten sandgestrahlt und auch möglichst schwer sein. Evtl. wässern, bis kein Auftrieb mehr vorhanden ist. Frisches Holz aus dem Wald ist übrigens völlig ungeeignet. Es fault und hat Auftrieb.
Auch Fischverstecke aus Ton und braunem Buchenlaub werden vor der Verwendung gewässert. Es wird auf pflanzenlose Freiflächen gelegt.
Für Fische, die im Boden laichen oder ihn als Lebensraum brauchen (z.B. Killifische), wird der Bodengrund artgerecht mit Feinsand und Torffasern gestaltet.
Für Malawi- und Tanganjikaseebecken eignen sich Kalklochsteine am besten.

FREUDE BEIM GESTALTEN

Eine Dekorationsskizze und ein Bepflanzungsplan erleichtern die Entscheidung, wohin Pflanzen, Wurzeln

und Steine kommen. Die Natur und die Aquarienfotos im Buch bieten Anregungen für die eigene Kreativität. Dabei sollten aber immer die Bedürfnisse der Fische ganz vorne an stehen.
Kurze, niedrige, rasenartig wachsende Pflanzen rücken in den Vordergrund. Halbhohe zieren die Seiten und umsäumen Freiräume im Mittelgrund.
Solitärpflanzen brauchen Platz, um zu wirken. Hohe Pflanzen wirken im Hintergrund und vermitteln den Eindruck einer grünen Bühne.

TIP: Außer den Solitärpflanzen sollten alle anderen in kleinen Gruppen, Stengelpflanzen auch abgestuft gepflanzt werden.

WASSER EINFÜLLEN

Schon während des Einpflanzens (s. S. 26) wird das Becken zu 1/3 mit temperiertem Wasser (ca. 23 °C) gefüllt - am besten mit einer Gießkanne mit feiner Brause. Damit nichts aufgewirbelt wird, soll das aufbereitete Wasser (s. S. 17) über einen tiefen Teller langsam einströmen. Sind alle Wasserpflanzen am richtigen Platz, wird langsam bis ca. 2 cm unter die Beckenkante aufgefüllt und alles, was losgelöst schwimmt, mit dem Netz abgeschöpft.

DAS WASSER AUFBEREITEN

Frisches Leitungswasser kann aggressive fisch- und pflanzenfeindliche Stoffe enthalten (Chlor, Kupfer etc.) - vor allem am frühen Morgen. Deshalb unbedingt ein Wasseraufbereitungsmittel aus dem Zoofachhandel zugeben, das diese Stoffe neutralisiert.
Wasser fürs Aquarium wird immer erst dann aus der Leitung entnommen, wenn vorher viel Wasser für andere Zwecke abgelaufen ist.
Ist Ihr Leitungswasser zu hart, muß es enthärtet werden (s. S. 21). Gute Zoofachgeschäfte bieten enthärtetes Wasser an. Damit das Becken von Anfang an gut „einläuft", werden sog. Startbakterien zugegeben, ohne die kein natürlicher Schadstoffabbau (z.B. im Filter) möglich ist (siehe S. 35).

IN BETRIEB NEHMEN

Anschließend gehen die Geräte (Filter, Heizung etc.) ans Netz. Nach 3-4 Stunden wird kontrolliert, ob alle Geräte einwandfrei arbeiten. Die Beleuchtung wird am besten über eine Schaltuhr so programmiert, daß sie morgens gegen 9 oder 10 Uhr einschaltet und dann 10-12 Stunden brennt.

Schnell wachsendes Javamoos für neu eingerichtete Becken

Dichte Bepflanzung schafft bald ein gutes Wassermilieu.

Messen der Wasserwerte im natürlichen Lebensraum

Schwarz- und Weißwasser

Klarwasser-Biotop

Das Aquarium richtig pflegen

Fische brauchen gesundes Wasser

Wasser, der Quell jeden Lebens, ist das Element, in dem alle Organismen im Aquarium existieren. Als gutes Lösungsmittel wird es von den enthaltenen Stoffen geprägt, die mit dem Auge allerdings oft nicht erkennbar sind.

Im Aquarium finden zudem Prozesse statt, die das Wasser verändern können. Über all dies gibt nur eine chemische Analyse Auskunft. Alle Stoffe im Wasser beeinflussen das Wohlergehen und die Fortpflanzung der darin lebenden Organismen: Tiere, Pflanzen und Mikroorganismen.

WIE IN DER NATUR

Die Aquarienfische stammen zumeist aus tropischen Gewässern und sind an die Wasserverhältnisse ihres natürlichen Lebensraumes an-

Auch Platys brauchen bestes Wasser.

Wenn die Wasserwerte stimmen, fühlen sich Fische und Pflanzen sichtlich wohl.

Jeder Regenguß kann das Wasser verändern.

gepaßt. Der Aquarianer muß ihnen daher Aquarienwasser bieten, das diesem Wasser in wesentlichen Eigenschaften nahekommt. Ein gewisser Spielraum ist möglich, weil auch in der Natur von Ort zu Ort und jahreszeitlich bedingt Unterschiede in Temperatur und Wasserzusammensetzung auftreten. Dies entbindet uns aber nicht davon, alles zu tun, damit sich unsere Pfleglinge wohl fühlen. Dafür gibt es hervorragende Analytik- und Wasseraufbereitungsprodukte im Zoofachhandel.

DIE WASSERHÄRTE

0– 7	°dGH	weich
8–14	°dGH	mittelhart
15–21	°dGH	hart
über 21	°dGH	sehr hart

GESAMTHÄRTE GH

Sie ist die Summe aller im Wasser gelösten Erdalkali-Ionen und wird durch den Gehalt an Kalzium- und Magnesiumsalzen bestimmt, die mit dem GH-Test erfaßt werden.
Die Gesamthärte gelangt aus dem Leitungswasser und durch Dekorationsmaterial, das Härtebildner abgibt, ins Wasser. Gesenkt werden kann sie durch Zugabe von Wasser aus Umkehrosmose- oder Vollentsalzungsanlagen.
Die GH beeinflußt Kondition, Krankheitsanfälligkeit und Stoffwechsel, Nerven- und Enzymaktivität, Skelett- und Zellaufbau und die Fortpflanzungsbereitschaft der Fische. Magnesium ist zuständig für die Enzymaktivierung, ein Mangel führt zu Störungen bei der Mus-

Ein einziger Netzzug aus obigem Gewässer

kelkontraktion und Blutgerinnung.

KARBONATHÄRTE KH

Sie ist die Summe des gelösten Hydrogenkarbonats (Bikarbonats) im Wasser und wird besser als Säurebindungskapazität bezeichnet. Durch die Wechselwirkung mit dem pH-Wert hat die KH entscheidenden Einfluß auf das Wohlbefinden der im Wasser lebenden Organismen: sie wirkt als pH-Puffer und verhindert ein zu starkes und schnelles Absinken des pH-Wertes, was zum tödlichen Säuresturz führen würde.
KH wird durch CO_2, Säuren und biogene Entkalkung beeinflußt.
Optimal sind 3–10 °KH; für Cichliden aus dem Malawi- und Tanganjikasee über 10 °KH. Diese Werte sollten um nicht mehr als 3° über- bzw. unterschritten werden.

PH-WERT

Er resultiert aus allen im Wasser gelösten sauren und basischen (alkalischen) Stoffen. Das Maß für die Ionenkonzentration ist logarithmisch, d.h., eine pH-Änderung von z.B. 6 auf 7 bedeutet eine 10fache, eine Änderung um 2 Stufen eine 100fache Konzentrationsänderung. Unsere Pfleglinge

Optimale Wasserwerte fördern den Pflanzenwuchs.

können auf solch krasse Veränderungen mit deutlichem Unbehagen oder gar dem Tod reagieren. Daher bitte die in den Fischbeschreibungen angegebenen Werte einhalten! Ein CO_2 (pH)-Dauertest schafft Sicherheit. Unzuträgliche pH-Werte führen zu Schäden an den Ausscheidungsorganen (Ersticken), Eiweißgerinnung, Kiemenverätzungen, Schleimhautschäden, Flossenklemmen, Schwimmprobleme, Streß, Krankheitsanfälligkeit und verminderter Fortpflanzung.

DER PH-WERT

0	sehr sauer
7	neutral
14	sehr basisch

TEMPERATUR

Auch die Wassertemperatur muß den Bedürfnissen unserer Fische entsprechen. Zu niedrige Temperaturen verlangsamen den Stoffwechsel der wechselwarmen Tiere und führen zum Tod, zu hohe beschleunigen ihn, bedeuten Streß und eine geringere Lebenserwartung und verringern den Sauerstoffgehalt des Wassers. Schnelle Temperaturveränderungen führen zu Streß, Dunkelfärbung, Schreckhaftigkeit, verstärkter Atmung und Gasblasenkrankheit. Daher die angegebenen Temperaturen auf +/- 2°C einhalten!

SAUERSTOFF

Fische, Pflanzen und Mikroorganismen benötigen Sauerstoff zum Leben, den die grünen Pflanzen durch die Photosynthese produzieren. Der mögliche Gehalt im

SAUERSTOFFGEHALT	
°C	100% Sättigung
15	10,6 mg
20	9,1 mg
25	8,3 mg
30	7,6 mg
35	6,9 mg

Wasser ist von der Temperatur abhängig.
Die Sauerstoffsättigung sollte immer mindestens 80% der Werte in der Tabelle betragen; ab 50% gibt es Probleme. Sauerstoffmangel führt zu Verblassen und Appetitlosigkeit, Unruhe, Luftschnappen, Taumeln und Krankheitsanfälligkeit.
Zu Sauerstoffmangel können führen:
- ▶ schlechter Bodengrund, Mulm, ungepflegter Filter,
- ▶ zu viele Fische, zuviel Fischfutter,
- ▶ Atmung der Fische und Pflanzen in der Nacht,
- ▶ Lichtmangel, zuwenig Pflanzen,
- ▶ (tote) Algen,
- ▶ tote Schnecken nach Behandlung,

Je größer das Becken, um so stabiler sind die Wasserwerte.

- ▶ sauerstoffzehrende Stoffe wie z.B. Heilmittel,
- ▶ zu hohe Temperaturen.

Abhilfe schaffen:
- ▶ Belüftung,
- ▶ Teilwasserwechsel,
- ▶ Abstellen der Negativfaktoren,
- ▶ Filterpflege,
- ▶ mehr Pflanzen, optimale Beleuchtung.

Sumatrabarben brauchen weiches bis mittelhartes Wasser.

Sauerstoffzehrung

Sie ist ein Maß für die organische Belastung des Wassers. Man mißt den Sauerstoffgehalt und füllt dann unter Wasser einen Meßzylinder, der 48 Stunden bei 25 °C dunkel aufbewahrt wird. Dann wird auch hierin die Sauerstoffkonzentration gemessen und zum Ausgangswert ins Verhältnis gesetzt. Über 20% Abnahme des Sauerstoffgehaltes (= Zehrung) sind bedenklich; Ursache abstellen!

SCHNELLE HILFE BEI WASSERPROBLEMEN

Problem: Das Wasser ist trüb.
Ursache: Massenvermehrung von Infusorien oder Schwebealgen; abgestorbene Fische oder Schnecken; aufgewirbelter oder gärender Bodengrund; Überfütterung; überlastetes Filtermaterial.
Abhilfe: Infusorien oder Schwebealgen mit UV-Lampe bekämpfen. Filtermaterial austauschen, evtl. Filterkohle zugeben. Präparate aus dem Zoofachhandel.

Problem: Graue, schmierige Haut auf der Wasseroberfläche.
Ursache: Bakterien wegen zu geringer Oberflächenbewegung.
Abhilfe: Teilwasserwechsel plus Wasseraufbereitungsmittel; Oberflächenabsauger vor den Filter schalten; Filterauslauf so einstellen, daß die Wasseroberfläche aufgerissen wird.

Problem: Wasser riecht muffig, faulig.
Ursache: Faulender Bodengrund; zuwenig Wasserwechsel; altes Filtermaterial.
Abhilfe: Bodengrund überprüfen, ggf. austauschen; häufiger Teilwasserwechsel machen; Filtermaterial austauschen, evtl. Filterkohle zugeben. Regelmäßig Mulm absaugen.

Problem: Wasser ist gelbbraun.
Ursache: Zu viele Ausscheidungen und humin- und gerbsäurehaltige Substanzen.
Abhilfe: Teilwasserwechsel; pH, Nitrit und Nitrat regelmäßig kontrollieren. Kohlefilterung entfernt die Färbung, nicht aber alle Stoffe.

Problem: Bodengrund ist schwarzbraun, faulig riechende Blasen steigen auf. Pflanzen faulen von unten, Wurzeln werden schwarz.
Ursache: Falsche Bodenzusammensetzung; faulende Stoffe (Torf, Erde usw.). Falsche Kieskörnung, zu hohe Schicht, daher schlechter Wasserdurchsatz.
Abhilfe: Bodengrund austauschen. Körnung 3–5 mm, 7 cm hoch. Bodengrunddünger.

Problem: Schnecken sterben.
Ursache: Medikamente oder unverträgliche Wasserzusätze; schneckenfressende Fische.
Abhilfe: Wasserwerte kontrollieren und ggf. verbessern. Während Medikamentenbehandlung Schnecken separat unterbringen.

Problem: Wasser ist zu sauer.
Ursache: Zuwenig KH, zuviel Säurebildner, zuviel CO_2, Säuresturz.
Abhilfe: Teilwasserwechsel, stark durchlüften, CO_2 prüfen (Dauertest).

Problem: Wasser ist zu alkalisch.
Ursache: Zuviel Härtebildner, kalkhaltiges Dekomaterial, Ausgangswasser zu hart.
Abhilfe: Härte durch Teilwasserwechsel mit vollentsalztem Wasser auf 3° senken. Über Torf filtern. CO_2 prüfen und ggf. Torfextrakt zugeben.

Problem: Wasser ist zu weich.
Ursache: Zuwenig KH im Ausgangswasser.
Abhilfe: Teilwasserwechsel mit KH-haltigem Wasser. GH/KH-Bildner aus dem Zoofachhandel zugeben.

Problem: Wasser ist zu hart.
Ursache: Leitungswasser ist zu hart; kalkhaltiges Deko- oder Filtermaterial.
Abhilfe: Teilwasserwechsel mit vollentsalztem Wasser oder Enthärtungssystem verwenden. Über Torf filtern.

Problem: Deckscheiben haben harten, grauen Belag.
Ursache: Kalkablagerungen durch Wasserverdunstung, besonders bei hohen KH-Werten.
Abhilfe: Deckscheibe mit Salzsäure (10–20%) oder Essig reinigen, Kalkränder im Becken mit mechanischem Scheibenreiniger entfernen. KH-Werte prüfen und ggf. korrigieren.

Die Thailand-Hakenlilie bildet in der Natur dichte Bestände.

Eine Wasserpflanzengärtnerei in Korat: Anzucht und Pflege sind Handarbeit.

Schöne Pflanzen im Aquarium

Fische brauchen Wasserpflanzen

Schön und abwechslungsreich bepflanzte Aquarien sind mehr als nur eine attraktive Dekoration in der Wohnung. Wasserpflanzen erfüllen auch wichtige Aufgaben für die Fische und den Wasserhaushalt.

Hochwasser führt Nährstoffe.

Eine Wasserpflanzengärtnerei in Deutschland

NÜTZLICHE WASSERPFLANZEN

- Sie produzieren lebenswichtigen Sauerstoff,
- entgiften das Wasser,
- manche wirken antibiotisch,
- verwerten Abfallstoffe und bauen dabei schädliche Stickstoffverbindungen ab,
- ihre Wurzeln halten den Bodengrund locker,
- sind Nahrungskonkurrenten der Algen,
- dienen manchen Fischen als Nahrung,
- dienen als Verstecke, Reviergrenzen, Laichsubstrat,
- bieten Lebensraum für Kleinlebewesen,
- sind wunderschöne Dekorationselemente,
- gestalten Lebensräume, die der Natur ähneln,
- lassen sich vermehren.

VORBEREITEN

- Beim Kauf achtet man auf einwandfreie, kräftige Pflanzen.
- Schmutz, welke Blätter und das Substrat (Steinwolle) aus Töpfen sorgfältig entfernen; ebenso Schneckenlaich (Gallert) und Algen.
- Angefaulte Stiele einkürzen!
- Braune und dicke Wurzeln werden bis auf ca. 3 cm zurückgeschnitten.

EINPFLANZEN

Mit dem Finger wird ein Loch in den Bodengrund gebohrt und die Wurzeln oder Stiele ohne Quetschen eingesetzt. Der Austrieb soll immer oberhalb des Substrats bleiben!

Stengelpflanzen werden so gesteckt, daß sich die Blätter nicht überlappen. Knollen, Zwiebeln und Rhizome werden so eingesetzt, daß 1/3 von Kies unbedeckt bleibt.
Javamoos und -farn sowie Anubias werden mit einem unauffälligen Wollfaden auf Stein oder Holz aufgebunden. Achtung: Keine Bleiklammern oder -draht!

SINNVOLLE PFLANZENPFLEGE

Schwimmpflanzen dürfen wegen des Lichts nur ca. 10–20% der Wasseroberfläche bedecken. Also rechtzeitig auslichten und im großen Futterring (strömungsfrei) „bändigen“. Wasserlinsen werden immer sofort abgefischt. Stengelpflanzen kann man gut mit einem scharfen Messer einkürzen und wieder neu setzen.

PFLANZENERNÄHRUNG

Der bei der Einrichtung des Aquariums eingebrachte Langzeitdünger reicht auf Dauer nicht aus, denn die Pflanzen entziehen dem Wasser über ihre Wurzeln und Blätter Nährstoffe. Daher gibt man bei jedem Wasserwechsel einen Spezialdünger (der auch Kalium

SCHNELLE HILFE BEI PFLANZENPROBLEMEN

Problem: Blätter haben Löcher.
Ursache: Fraßstellen durch Fische oder Schnecken; Mangelerscheinungen.
Abhilfe: Verursacher ermitteln und Fische oder Pflanzen austauschen. Pflanzendünger wechseln.
Regelmäßiger Teilwasserwechsel gegen zu hohe Nitratwerte.

Problem: Pflanzen werden gelb, wachsen nicht.
Ursache: Nährstoffmangel; zuwenig CO_2; Bodengrund fault. Zuwenig Licht.
Abhilfe: Gute Volldünger; CO_2-Menge erhöhen; Leuchtstoffröhren mit 3 Tagen Abstand erneuern (sie verlieren nach 6–8 Monaten Lebensdauer erheblich an Leuchtkraft!).

Problem: Cryptocorynen faulen ab.
Ursache: Wasserschock; Nitratüberschuß; Bakterien; Lichtschock durch gleichzeitiges Wechseln aller Röhren.
Abhilfe: Teilwasserwechsel; über Torf filtern; Wasseraufbereitungsmittel.

Problem: Blätter liegen flach auf dem Boden auf.
Ursache: Falsche Lichtfarbe oder Röhre.
Abhilfe: Lampen oder Röhren mit höherem Blauanteil.

Problem: Stengel wachsen übermäßig in die Höhe, sind blaß oder gelb.
Ursache: Falsche Lichtfarbe; zuwenig Licht; zu kurze Beleuchtungsdauer; zuwenig CO_2; mangelhafte Düngung. Eisenmangel.
Abhilfe: Beleuchtung optimieren (evtl. mehr Rotanteil); CO_2 erhöhen; guter Volldünger; ggf. Eisendünger.

Problem: Schwimmpflanzen wachsen nicht, sterben ab.
Ursache: Zuwenig Licht; Abstand zur Deckscheibe zu gering; verschmutzte Deckscheibe.
Abhilfe: Deckscheibe reinigen, Schwitzwasser entfernen; mehr Licht; evtl. offenes Becken mit Hängelampe.

Problem: Blattläuse an Pflanzenteilen über Wasser.
Ursache: Blattlausfreundliches Milieu.
Abhilfe: Pflanzenteile kurz untertauchen; Labyrinthfische und Formosa-Kärpflinge fressen die Blattläuse. Keine Chemie!

Das Wasserpflanzen-Angebot im Zoofachhandel ist vielfältig.

enthält) nach Gebrauchsanweisung zu.
Das schnell verbrauchte und oxidierende Eisen wird möglichst täglich zugegeben (regelmäßig mit Fe-Test messen).
Außerdem brauchen die Pflanzen Kohlendioxid in Gasform. Der Zoofachhandel bietet dafür einfach zu bedienende Dosiersysteme für jeden Aquarientyp an – bis hin zur High-tech-Ausführung mit automatischer Steuerung. Achten Sie beim Kauf von CO_2-Depot-Anlagen auf Qualität!

Karolina-Fettblatt

Zwerganubias
Anubias barteri var. glabra

Robust, aus Westafrika. Für Vordergrund (Rhizom unbedeckt!) oder zum Begrünen von Steinen und Wurzeln (mit Perlonschnur aufbinden). Wächst langsam, aber gut. Torffilterung, düngen. Wasser weich/mittelhart, 22-26 °C.

Zwergspeerblatt
Anubias barteri var. nana

Wächst langsam, aber willig, bildet attraktive Horste. Geeignet für den Vordergrund oder aufgebunden auf Wurzeln oder Steinen. Weich/mittelhart, 22-26 °C.

Krause Wasserähre
Aponogeton crispus

Aus Südindien, Sri Lanka. Für die Erstbepflanzung, gruppenweise in der Mitte oder solitär. Die Knollen treiben bald aus, wenn die Keimseite unbedeckt bleibt. Die Pflanze legt Vegetationspausen ein, treibt danach wieder aus. Knolle nach 2-3 Ruhepausen für 6-8 Wochen kühl und luftig lagern. Weich/mittelhart, 25-30 °C.

Karolina-Fettblatt
Bacopa caroliniana

Wuchsfreudige Pflanze aus dem südöstl. Nordamerika, für Mitte und Rand in Gruppen zu 5-10. Stengelenden etwas kürzen, auf 5 cm die Blätter entfernen, 4 cm tief einpflanzen. Zu lange Triebe können abgeknipst und eingepflanzt werden. Weich/mittelhart, 20-26 °C.

Heudelots Flußfarn
Bolbitis heudelotii

Aus dem trop. Afrika, dekorativ auf Wurzelholz und Steinen. Wächst gerne in der Filterströmung. Weiches Wasser, pH 5-6,9, 22-28 °C.

Karolina-Haarnixe
Cabomba caroliniana

Foto S. 2. Lichthungrig, schnellwüchsig, aus Nordamerika. Gruppen von 10-15 im Mittelgrund und an den Seiten vor dunklem Dekomaterial besonders schön. Erreichen die Triebe die Wasseroberfläche, einkürzen und neu stecken. Torffilterung, regelmäßig Pflanzendünger und möglichst CO_2-Gaben. Weich/hart, 23-25 °C.

Mexikanische Haarnixe
Cabomba palaeformis

Aus Mittelamerika; im Hintergrund als lockere Gruppe. Vermehrung aus Seitensprossen. Mittelhart/hart, 20-28 °C.

Heudelots Flußfarn

Gemeines Hornblatt

Gemeines Hornblatt
Ceratophyllum demersum

Sehr wüchsiger und empfehlenswerter Kosmopolit. Baut Schadstoffe ab.
Frei fluten lassen oder in kleinen Gruppen setzen; als Versteck, Laichsubstrat, Reviergrenze. Mittelhart/hart, 22-28 °C.

Sumatrafarn
Ceratopteris thalictroides

Weit verbreitet in den Tropen, wächst wurzelnd oder frei flutend willig. Für Labyrinthfische als Schaumnesthalt. Vermehrt sich durch Adventivpflanzen am Blattrand. Für große Becken. Wasser weich/mittelhart, 22-28 °C.

Thailand-Hakenlilie
Crinum thaianum

Aus Thailand. Für große Becken ab 50 cm Tiefe
2-3 Knollen für Seiten und Rückwand sowie als Solitär. Zwiebel wird in Filterwatte gewickelt und bis zum Blattansatz eingesetzt. Werden die Blätter zu lang, kann man die äußeren abschneiden. Weich, 22-27 °C.

Haertels Wasserkelch
Cryptocoryne affinis

„Alte" Aquarienpflanze, für Seiten und Hintergrund. Dient z.B. Keilfleckbarben als Laichsubstrat. Bildet viele Ausläufer. Mittelhart, 22-26 °C.

Thailand-Hakenlilie

Weißlicher Wasserkelch
Cryptocoryne albida

Aus Südthailand; in grün und rotbraun. Wächst im Vordergrund bei gutem Licht. Am schönsten in kleinen Gruppen. Weich/mittelhart, 24-28 °C.

Genoppter Wasserkelch
Cryptocoryne aponogetifolia

Für hohe Aquarien, vor allem Buntbarschbecken. Auffällig belaubt, langsam wachsend, bildet Ausläufer. Für Hintergrund und Seiten. Mittelhart/hart, 22-27 °C.

Beckets Wasserkelch
Cryptocoryne bekettii

Aus Sri Lanka. Besonders schön vor hellgrünen Hintergrundpflanzen. Weich/mittelhart, 22-26 °C.

Sumatrafarn

Gewimperter Wasserkelch

Gewimperter Wasserkelch
Cryptocoryne ciliata

Aus Südostasien. Wuchtig, 40-50 cm hoch, gedeiht auch im Brackwasser. Auch als Uferpflanze im Paludarium; im Aquarium in kleinen Gruppen. Mittelhart/hart, 22-26 °C.

Gewellter Wasserkelch
Cryptocoryne undulata

Aus Sri Lanka; attraktive dunkelbraune, meist marmorierte Blätter. Kleine Gruppen vor hellgrünen Pflanzen. Vermehrung durch Ausläufer. Weich/mittelhart, 22-26 °C.

Wendts Wasserkelch
Cryptocoryne wendtii

Aus Sri Lanka. Im Gegensatz zu den meisten Cryptocorynen schon für die Erstbepflanzung. Für vorn und Mitte, leicht schattig unter Pflanzen; treibt schnell Ausläufer. Regelmäßiger Teilwasserwechsel und eisenhaltiger Dünger. pH 5-8, weich/mittelhart, 22-26 °C.

Kleiner Wasserkelch
Cryptocoryne willisii

Aus Sri Lanka. Kann als Vordergrundpflanze ganze Flächen rasenartig bedecken. Weich/mittelhart, 22-26 °C.

Amazonas-Schwertpflanze
Echinodorus amazonicus

Foto Umschlagvorderseite. Aus dem Amazonas. Früher E. brevipedicellatus. Bei ausreichend Platz gutwüchsige Solitärpflanze. An den Blütenständen bilden sich Adventivpflanzen; abtrennen und einpflanzen, wenn sie Wurzeln haben. Weich/mittelhart, 22-26 °C.

Herzblättriger Wasserwegerich, Amazonas
Echinodorus cordifolius

Schnellwüchsig und robust, aus dem Südosten Nordamerikas und Venezuela. Eignet sich als Solitär in hohen Aquarien. Aus offenen wächst sie schnell heraus und bildet Blütentriebe. Viel Licht, nahrhafter Bodengrund, regelmäßige Wasserpflege. Für kleine Becken die niedrigen Sorten „Harbich" und „Mini". Mittelhart/hart, 20-28 °C.

Schwarze Amazonas
Echinodorus parviflorus

Beliebte und sehr wuchsfreudige Art aus Südamerika, 25-30 cm hoch, für Mitte und Seiten vor hellgrünen Pflanzen. Nahrhafter Bodengrund und gute Düngung, regelmäßiger Teilwasserwechsel mit Wasseraufbereitungsmittel. Empfehlenswerte Sorte: „Tropica". Weich/mittelhart, 22-28 °C.

Grasartige Schwertpflanze
Echinodorus tenellus

Aus Amerika. Kleinste Amazonas. Bildet unbeschattet bei gutem Licht attraktive Rasenflächen durch Ausläu-

Amazonas (E. cordifolius)

Grasartige Schwertpflanze

fer. Keine wühlenden, pflanzenfressenden Fische! Weich/mittelhart, 18-26 °C.

Argentinische Wasserpest
Egeria densa

Foto S. 1. Schnellwüchsig, aus Argentinien. Für Hintergrund, Seite oder Mitte vor hellgrünen Pflanzen. Gut zur Erstbepflanzung. Stielenden etwas einkürzen, auf 5 cm entblättern und 4 cm tief pflanzen. Erreichen sie die Wasseroberfläche, einkürzen und neu stecken. Weich/hart, 10-26 °C.

Brasilianischer Wassernabel
Hydrocotyle leucocephala

Aus Mittel- und Südamerika. Besonders schnellwüchsig und dekorativ. Verbessert die Wasserqualität, weil stickstoffzehrend. Zu lange Triebe kürzen und neu setzen. Weich/hart, 20-28 °C.

Riesenwasserfreund
Hygrophila corymbosa

Großblättrig und schnellwüchsig, aus Südostasien. Schön im Mittel- oder Hintergrund neben rotblättrigen Pflanzen. In Gruppen zu 5, unterschiedlich lang, 4-5 cm tief pflanzen. Überstehende oder seitliche Triebe einkürzen und neu pflanzen. Mittelhart/hart, 22-28 °C.

Indischer Wasserwedel
Hygrophila difformis

Foto S. 32. Attraktiv, willig wachsend, aus Indien bis Malaya, mit hellgrünen Blattsternen. Im Mittel- oder Hintergrund oder an den Seiten in Gruppen von 5-10 (unterschiedliche Länge) wurzellos einsetzen. Viel Licht, CO_2-Gaben und regelmäßige Wasserpflege mit Wasseraufbereitungsmittel und Torfextrakt. Regelmäßig auslichten. Weich/hart, 22-28 °C.

Indischer Wasserfreund
Hygrophila polysperma

Schnellwüchsig, aus Südostasien, für Erstbepflanzung. Für Hintergrund, Seiten und Mitte; schön vor dunklen Pflanzen. Weich/hart, 22-28 °C.

Brasilianischer Wassernabel

Indischer Wasserwedel

Javafarn

Brasilianische Graspflanze
Lilaeopsis brasiliensis

Auch Neuseelandgras genannt. Rasenartig wachsend, am schönsten vorn an der hellsten Stelle im Aquarium. Regelmäßig düngen. Weich/hart, 20-26 °C.

Blütenstielloser Sumpffreund
Limnophila sessiliflora

Wächst gut, gedrungen und kräftig; für Seiten und Hintergrund, schön neben dunklen oder roten Pflanzen. Viel Licht und regelmäßig düngen. Überwassertriebe können blühen. Weich/mittelhart, 20-26 °C.

Javafarn
Microsorium pteropus

Da die Wurzeln dieses südostasiatischen Farns leicht faulen, wird er mit Angelsehne auf Holz, Steine oder Korkrinde aufgebunden. Vermehrung aus Rhizom und Blättern. Weich/hart, 20-28 °C.

Rundblättrige Rotala
Rotala rotundifolia

Foto Umschlagrückseite. Im Gegensatz zum Namen schmalblättrig und zart. Aus Südostasien. Dekorativ zu 10-15 im Mittelbereich neben rundblättrigen Pflanzen. Stecklingsvermehrung. Viel Licht, regelm. düngen. Weich/mittelhart, 24-28 °C.

Breitblättriges Pfeilkraut
Sagittaria platyphylla

Aus Nordamerika, gut für den Mittelgrund. Vor feingliedrigen oder großen rundblättrigen Pflanzen besonders attraktiv. Viel Licht, nährstoffreicher Boden für Ausläuferbildung nötig. Weich/mittelhart, 18-28 °C.

Kleines oder Flutendes Pfeilkraut
Sagittaria subulata

Zierliche, rasenartige Vordergrundpflanze, schnellwüchsig und robust, gut zu kulti-

Kleines Pfeilkraut

vieren und leicht zu vermehren. Ausreichend Licht und nahrhafter Bodengrund begünstigen die Ausläuferbildung, so daß ein dichter Rasen entsteht. Als Erstbepflanzung 10-15 im Abstand von 1 cm. Mittelhart/hart, 18-28 °C.

Mexikanisches Eichenblatt
Shinnersia rivularis

Aus Mittelamerika. Frohwüchsige Pflanze, regelmäßig auslichten und neu stecken. In großen Aquarien gut zur Erstbepflanzung. Weich/hart, 20-28 °C.

Sumpfschraube
Vallisneria spiralis

Aus Tropen und Subtropen, wuchsfreudig, gehört zu den beliebtesten Aquarienpflanzen. Für Hintergrund und Seiten. Wurzeln auf 3 cm kürzen; senkrecht einpflanzen! Blattansatz bleibt unbedeckt. Nährstoffreicher Boden für schnelle Ausläuferbildung. Mittelhart/hart, 20-28 °C.

Javamoos
Vesicularia dubyana

Foto S. 17. Aus Asien, besiedelt Holz, Lavagestein, Korkrinde und Strukturrückwände. Polster bieten Jungfischen sicheres Versteck. Wächst bei regelm. Wasserwechseln willig zu dichten Polstern. Weich/hart, 18-28 °C.

TIP: Achtung, daß keine Algen das Wachstum des Javamooses hemmen!

Mexikanisches Eichenblatt

Sumpfschraube

Aquarienfische für Einsteiger

Aquarienfische sind die Hauptdarsteller in unserem Aquarium. Mit den erprobten Empfehlungen dieses Buches findet auch der Einsteiger geeignete Aquarienpflanzen und die richtigen Fische und kann sie so pflegen, daß sie sich gesund und munter wie ein Fisch im Wasser fühlen.

Ein Fisch- und Pflanzenbiotop in Thailand

Fischzucht in Südostasien: einzelne Kampffische und ...

...verträgliche Fischarten in größeren Behältern

WANN EINSETZEN?

Unmittelbar nach dem Einrichten des Aquariums sind die Pflanzen noch nicht richtig angewachsen, das Wasser ist noch trüb und biologisch noch nicht einwandfrei.
Die wichtigen Bakterien in Bodengrund, Filter und Bekken haben sich noch nicht in ausreichendem Maße vermehrt, um anfallende Stickstoffverbindungen abbauen zu können: Organische Substanzen (Kot und Urin der Fische, Futterreste, abgestorbene Pflanzenteile usw.) zer-

Auch diese Karfunkelsalmler sind keine Wildfänge. Sie wurden gezüchtet.

setzen sich im Wasser zu Ammonium und Ammoniak, das durch die Bakterien Nitrosomonas und Nitrobacter über giftiges Nitrit zu Nitrat abgebaut werden. Dabei wird Sauerstoff verbraucht (siehe Schema S. 36). Darum muß man nach der Neueinrichtung noch ca. 2 Wochen warten, ehe die ersten Fische eingesetzt werden können. Erst wenn der Nitrittest kein Nitrit mehr nachweisen kann, können die Fische einziehen. Das anfallende Nitrat wird beim regelmäßigen Teilwasserwechsel aus dem Wasser entfernt.

Kampffischmännchen vertragen sich nicht miteinander.

Ideal für den Erstbesatz: Otocinclus weiden Algen ab.

TIP: Man kann diese Einlaufphase verkürzen, indem man ein Bakterienpräparat aus dem Zoofachhandel und etwas gebrauchtes Filtermaterial bzw. Bodengrund zugibt.

DIE RICHTIGE FISCHAUSWAHL

Wer die Wahl hat, hat die Qual. Steht man im Zoofachgeschäft vor den Becken mit den buntschillernden Aquarienfischen, heißt es wohlüberlegt auszuwählen und die Sammelleidenschaft zu zügeln. Denn nicht alles was gefällt, ist für den Erstbesatz des Aquariums geeignet.

TIP: Schon beim Kauf des Beckens, spätestens vor dem Einrichten sollte man entscheiden, welche Fischarten man pflegen will. Denn eine wahllos zusammengewürfelte „Fischgesellschaft“ wird auf Dauer nicht gefallen. Oftmals harmonieren die Fische nicht miteinander oder fühlen sich nicht wohl, weil sie unterschiedliche Bedürfnisse haben.

Besser ist es, bei der Auswahl und Vergesellschaftung folgende Punkte zu beachten:

- Alle Fischarten müssen die gleichen Temperatur- und Wasseransprüche stellen.
- Schwarmfische fühlen sich im Schwarm am wohlsten.
- Alle Wasserzonen mit jeweils nur wenigen Arten besetzen.
- Kein Aquarienbewohner darf dem anderen nach dem Leben trachten oder ihn dauerhaft jagen bzw. Unruhe stiften.
- Manche Fische kann man nur einzeln pflegen (z.B. Kampffischmännchen).
- Zum Erstbesatz gehören immer algenfressende Fische, z.B. Otocinclus.
- Auch im Hinblick auf die Futteransprüche sollen die Fische zusammenpassen.
- Anfangs nur Fische kaufen, die auf den folgenden Seiten empfohlen werden. Falls die gewünschten Arten hier nicht aufgeführt sind, folgen Sie bitte den ausdrücklichen Empfehlungen

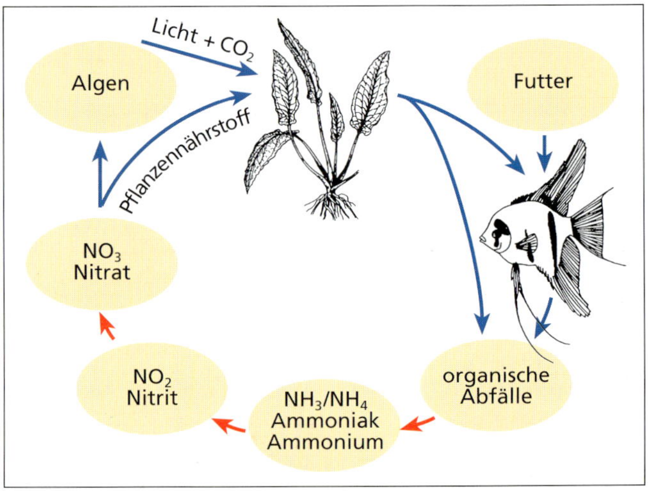

Bakterien bauen die Abfallstoffe über Ammonium und Nitrit zu Nitrat ab.

Ein Oberflächenfisch: der Hechtköpfige Halbschnäbler

Ihres Zoofachhändlers. Zusätzlich können Sie sich in der weiterführenden Literatur (s.S. 60) über die Fischarten informieren.

► Das Aquarium nie überbesetzen. Faustregel: 1 cm Fisch pro Liter Wasser.

TIP: Weitere interessante Pfleglinge, die sich mit den geschilderten Fischen gut vertragen, sind Süßwassergarnelen, Apfelschnecken und Zwergkrallenfrösche. Besonders die Garnelen sind ideale Partner für friedliche Fische.

BEIM FISCHKAUF BEACHTEN

Achten Sie immer darauf, daß die Fische in der Aquarienanlage des Zoofachhändlers munter und quicklebendig mit gespreizten Flossen umherschwimmen. Körper und Flossen sollen frei von grauen, roten oder blutunterlaufenen Stellen und kleinen weißen Pünktchen sein – die Fische optisch kräftig (nicht eingefallen) und rundum gesund. Die Fische sollen auch nicht an der Wasseroberfläche nach Luft schnappen, weder schaukeln noch sich winden oder an Dekorationsmaterial scheuern. Der Kot, wenn welcher zu sehen ist, soll dunkel und geformt sein, nicht grau und fädig. Gesunde Fische stürzen sich auch beim Zoofachhändler auf angebotenes Futter.

TRANSPORTIEREN UND EINSETZEN

Bestehen Sie auf einer undurchsichtigen Umhüllung des Transportbeutels (das darf auch eine Zeitung sein), um den Fischen unnötigen Streß zu ersparen. Panzerwelse werden getrennt von den anderen Fischen eingepackt, weil es sonst zu Ausfällen kommen könnte.

Transportieren Sie den Beutel warm, vor allem aber schnell nach Hause. Nicht auf heiße oder kalte Autositze legen!

Zu Hause werden die Fische sofort ausgepackt:

► Sauberen Eimer und weiches Netz bereitstellen.

► Transportbeutel öffnen, ca. 1/4 Liter Aquarienwasser zugeben.

► Licht im Becken abdecken oder ausschalten.

► Beutel ins Becken hängen und für ca. 15 Minuten mit

Punktierte Panzerwelse halten sich am Bodengrund auf.

Kardinalfische sind ausgesprochene Schwarmfische.

Wäschklammern am Beckenrand befestigen (zur Temperaturangleichung).

- Dann die Hälfte des Transportwassers in den Eimer schütten und den Beutel mit Beckenwasser wieder auffüllen.
- Nach weiteren 15 Minuten den Beutel direkt neben dem Aquarium über dem Netz in den Eimer leeren und die Fische vorsichtig in ihren neuen Lebensraum entlassen. Beutelwasser wegschütten.
- Beobachten Sie die Fische, aber lassen Sie das Aquarium zunächst völlig in Ruhe. Das Licht erst am nächsten Tag anschalten und erst dann füttern.

GESUNDE ERNÄHRUNG

Die Lebensdauer, Fitneß und Farbenpracht sowie die Fortpflanzungsfähigkeit der Fische hängen von der Qualität und Menge ihrer Nahrung ab.
Die mannigfaltigen und oft wechselnden ökologischen Faktoren der Tropen bedingen in der Regel ein vielfältiges Nahrungsangebot, das auch für Nahrungsspezialisten den Tisch gedeckt hält. Einem Überangebot folgen aber oft genug Hungerzeiten oder Einseitigkeit.

FERTIGFUTTER

Für unsere Aquarienfische haben Wissenschaftler Futtermittel entwickelt, die durch ihre ausgewogene Zusammensetzung und fischgerechte Darreichungsform der natürlichen Nahrung entsprechen und in ihrer Wertigkeit dieser durch gleichbleibende Qualität sogar überlegen sind - gleich ob Flocken, Granulat oder Futtertabletten. Es enthält alle wichtigen Nährstoffbausteine, Aminosäuren, Mine-

ralstoffe, Spurenelemente und Vitamine. Man sollte beim Kauf aber trotzdem darauf achten, daß das Fischfutter in einer luftdichten, feuchtigkeits- und lichtgeschützen Verpackung möglichst frisch angeboten wird. Gutes Futter wird gierig gefressen. Gefärbt muß es nicht sein! Es schwimmt lange genug oben (für Oberflächenfische), sinkt ganz langsam (für die Fische der mittleren Wasserzone) und bleibt am Boden lange genug kompakt, so daß auch die Bodenfische noch optimal Nahrung finden. Auch für Jungfische und Nahrungsspezialisten gibt es spezielle Futtersorten.
Hauptfutter und Tabletten dürfen das Wasser nicht trüben.

TIP: Ca. 95% der im Handel angebotenen Aquarienfische gedeihen mit Fertigfutter sehr gut.

LEBENDFUTTER

Es gibt aber auch fleischfressende Arten wie Piranhas, manche Hechtlinge und einige Barsche, die auch den Bewegungsreiz zum Beutefang brauchen. Sie benötigen Lebendfutter. Für sie werden im Handel Bachröhrenwürmer (Tubifex) angeboten – allerdings immer seltener, weil sie aus stark verschmutzten Gewässern stammen.
Leider eignen sich die Futtertiere aus natürlichen Gewässern wegen ihrer Verschmutzung immer weniger. Zudem sind viele Gewässer geschützt oder an Angler bzw. Nutzfischzüchter verpachtet. Und vielerorts sind „Tümpler" nicht gerne am Wasser gesehen. Wasserflöhe und Cyclops sind schon recht selten geworden. Ebenso die Larven der Büschelmücken (Rote Mückenlarven), die nur gut gewässert in Maßen gefüttert werden sollten.
Schwarze Mückenlarven stellen eine gute Nahrung dar. Nur schlüpfen sollten sie nicht, weil die erwachsenen Weibchen stechen.
Der Natur entnommenes Futter bringt leider die Gefahr mit sich, daß man sich ungebetene Gäste wie Krankheitserreger und Parasiten, Schnecken und Hydren einschleppen kann.

Trauermantelsalmler und Neonsalmler (rechts) lassen sich gut miteinander vergesellschaften.

Blauer Antennenwels

SPEZIALFUTTER

Einen Kompromiß zwischen „natürlicher Nahrung" und Fertigfutter stellen tiefgefrorene Futtertiere dar. Sie werden in einem Netz unter fließendem Wasser aufgetaut, mit Flüssigvitamin aus dem Zoofachgeschäft angereichert und in Maßen gefüttert. Großfische lieben auch größere Brocken. Für sie gibt es großes Frostfutter, Regen- oder Mehlwürmer, Grillen usw. im Zoofachhandel. Mit etwas Erfahrung lassen sich für Spezialisten unter den Fischen auch flügellose Fruchtfliegen, Grindal, Enchyträen oder Salinenkrebse selber züchten.

WIE UND WANN FÜTTERN?

Um den Beutetrieb und die Fangreflexe der Fische zu aktivieren, empfiehlt es sich, das Futter nicht nur abwechslungsreich zusammenzustellen, sondern auch an wechselnden Stellen im Aquarium anzubieten. Am besten geht dies mit einem Dosierlöffel oder Futterspender.
Um eine Überfütterung zu vermeiden, wird nur so viel angeboten, wie in wenigen Minuten verzehrt wird. Mehrmals täglich wenig zu füttern ist besser als einmal zuviel. Die Uhrzeit ist dabei egal. Eine Stunde vor dem Ausschalten des Lichtes wird allerdings nichts mehr gegeben.
Nur dämmerungs- und nachtaktive Fische werden erst nach dem Ausschalten des Lichts gefüttert. Das indirekte Licht des Wohnraums reicht ihnen, um sich über die Nahrung herzumachen.

DER FUTTERSPASS

Gönnen Sie sich die Zeit, Ihre Pfleglinge bei der Nahrungsaufnahme zu beobachten. So bringen Futtertabletten, die an die Scheibe gedrückt werden, richtig „Leben" in die Fischgesellschaft.
Tablettenfutter auf dem Boden ruft sofort die Heimlichtuer wie Welse, aber auch Schnecken oder Garnelen auf den Plan, die man sonst selten sieht.

Futtertabletten bieten Futterspaß für Fisch und Pfleger

SCHNELLE HILFE BEI FISCHKRANKHEITEN

Problem: Weiße Pünktchen (0,2-1 mm) auf Körper und Flossen der Fische.
Ursache: Der Ektoparasit Ichthyophthirius multifiliis befällt besonders geschwächte Tiere. Sie zeigen auch Flossenklemmen, Apathie und Appetitlosigkeit, scheuern sich.
Abhilfe: Heilmittel gegen Ichthyo nach Gebrauchsanweisung anwenden, bis alle Pünktchen weg sind.

Problem: Samtartig-graue Beläge auf der Haut.
Ursache: Die Samtkrankheit (ähnlich Ichthyo) wird durch Oodinium pillularis hervorgerufen. Auch hier Scheuern und Abmagern. Haut und Flossen lösen sich auf. Bei Kiemenbefall Luftschnappen.
Abhilfe: Ichthyo-Heilmittel (Gebrauchsanweisung!).

Problem: Graue, flächige Infektstellen an Haut und Flossen.
Ursache: Ektoparasiten wie Costia, Chilodonella, Trichodina, Trichodinella, Tripartiella, Tetrahymena. Die Fische scheuern und winden sich, sind träge, Haut und Flossen lösen sich auf.
Abhilfe: Heilmittel nach Gebrauchsanweisung. Zuvor 1/3 des Wassers wechseln. Während der Behandlung nur über Watte filtern. Danach Teilwasserwechsel und für 3 bis 4 Tage über Aktivkohle filtern.

Problem: Wunde, verpilzte Stellen am Maul und auf den Flossen.
Ursache: Mit Saprolegnia infizierte Wunden und Hautrisse.
Abhilfe: Heilmittel gegen Pilze aus dem Zoofachhandel. Ursache der Verletzung ermitteln und abstellen: bissige Fische, scharfkantiger Bodengrund, schlechte Wasserverhältnisse.

Problem: Fische fressen schlecht.
Ursache: Schlechte Wasserverhältnisse. Falsches Futter. Unpäßlichkeiten.
Abhilfe: Wasserwerte prüfen und ggf. verbessern. Hochwertiges Markenfutter oder Spezialitäten einsetzen. Auf Ektoparasiten prüfen, ggf. behandeln (s.o.).

Problem: Fische atmen sehr schnell, schwimmen an der Oberfläche, versuchen aus dem Becken zu springen, schwimmen ruckartig, zuckend. Kiemen stark gerötet.
Ursache: Sauerstoffmangel. Umsetzschock. Laugen- oder Säureschaden. Vergiftung.
Abhilfe: Stark durchlüften, Sauerstofftabletten; Ursache ermitteln und abstellen. Temperatur und Gerätefunktion überprüfen.
▶ Bei Laugenschaden (pH über 8,5): Teilwasserwechsel, Zugabe von Torfextrakt, Torffilterung, evtl. Wasseraufbereitungssysteme einsetzen.
▶ Bei Säureschaden (pH unter 5,5): Teilwasserwechsel mit gepuffertem Wasser (Puffersubstanzen aus dem Zoofachhandel), über Korallensand oder Marmorsplitt filtern.
▶ Bei Ammoniak- oder Nitritvergiftung: Wasser bis pH 6,7 ansäuern (mit Mitteln aus dem Zoofachhandel). pH- und KH-Werte prüfen.
▶ Bei Vergiftung durch Pflanzenschutz-, Insekten- oder Haushaltssprays: Teilwasserwechsel mit Wasseraufbereitungsmittel, evtl. über Kohle filtern und für starke Durchlüftung sorgen.
▶ Bei Chlorvergiftung: Teilwasserwechsel, Durchlüftung oder Oberflächenbewegung.

Problem: Fische sterben ohne äußere Symptome.
Ursache: Vergiftung.
Abhilfe: Ursache ermitteln (ggf. hilft der Zoofachhändler) und abstellen (s.o.).

Problem: Fische schwimmen an Wasseroberfläche, atmen sehr schnell, zeigen Erstikkungserscheinungen.
Ursache: Sauerstoffmangel.
Abhilfe: Für Wasserbewegung sorgen. Temperatur kontrollieren. Mulm, Schmutz, altes Filtermaterial entfernen. Fischbesatz zu hoch?! Bei nächtlichem Sauerstoffmangel: belüften. Bei Labyrinthfischen muß unter der Deckscheibe Luftraum bleiben.

Problem: Fische scheuern sich an Gegenständen, klemmen die Flossen, winden sich, fressen schlecht.
Ursache: Ektoparasiten. Wasserschäden.
Abhilfe: Heilmittel gegen Ichthyo. Teilwasserwechsel.

Problem: Glotzaugen.
Ursache: Schlechtes Wasser.
Abhilfe: Teilwasserwechsel. Wasserwerte messen und optimieren.

Glühlichtsalmler

Schmucksalmler

SALMLER

Trauermantelsalmler *Gymnocorymbus ternetzi*

Foto S. 39 links. Beliebter, ruhiger Aquarienfisch, ausdauernd und langlebig. Gut zu vergesellschaften. Aquarium gut bepflanzen. Als Gruppe ab 6 Tiere.
Heimat: Brasilien (Mato Grosso), Bolivien
Größe: 6 cm
Becken: ab 60 cm
Wasser: 22-26 °C, weich/mittelhart, pH 6-7,5
Futter: beste Vollnahrung, Frost- und gefriergetrocknetes Futter

Glühlichtsalmler *Hemigrammus erythrozonus*

Ruhiger, friedlicher Schwarmfisch, der durch seine leuchtenden Streifen besonders in dicht bepflanzten Becken mit dunklem Bodengrund wirkt. Gruppe ab 6 Tiere pflegen. Glühlichtsalmler sind gut mit anderen Fischarten zu vergesellschaften.
Heimat: Republik Guyana
Größe: 4,5 cm
Becken: ab 60 cm
Wasser: 22-26 °C, weich/mittelhart, pH 6-7,5
Futter: wie vorherige Art

Schlußlichtsalmler *Hemigrammus ocellifer*

Der friedliche Schwarmfisch (mindestens 6 Tiere) fühlt sich in gut bepflanzten Aquarien mit dunklem Bodengrund besonders wohl. Gut mit ähnlich ruhigen Aquarienfischen zu vergesellschaften.
Heimat: Amazonien
Größe: 4,5 cm
Becken: ab 60 cm
Wasser: 24-28 °C, weich/mittelhart, pH 6-7,5
Futter: wie vorherige

Karfunkelsalmler *Hemigrammus pulcher*

Foto S. 35 oben. Fällt im Aquarium mit dichter Randbepflanzung, einigen Schwimmpflanzen und Wurzeln durch seine leuchtenden Farben auf. Braucht freien Schwimmraum und dunklen Bodengrund. Zeigt sein Verhalten nur in Gesellschaft ruhiger Fische. Mindestens 6 Tiere.
Heimat: Westamazonien
Größe: 4,5 cm
Becken: ab 60 cm
Wasser: 24-28 °C, weich/mittelhart, pH 6-7,2
Futter: wie vorherige

Schmucksalmler *Hyphessobrycon bentosi bentosi*

Zeigt seine wunderbare Färbung, wenn er sich im dicht bepflanzten Becken mit

Schlußlichtsalmler

Schwarzer Neon

dunklem Bodengrund und ruhiger Gesellschaft wohl fühlt. Schwarm ab 6 Tiere.
Heimat: Republik Guyana
Größe: 5-7 cm
Becken: ab 80 cm
Wasser: 24-28 °C, weich/mittelhart, pH 6-7,5
Futter: wie vorherige

Roter von Rio
Hyphessobrycon flammeus

Foto S. 4. Der beliebte, friedliche Schwarmfisch fühlt sich in bepflanzten Becken (Hintergrund, Seiten) mit nicht zu hellem Boden wohl. Gruppen ab 6 Tiere; lassen sich gut mit ruhigen Fischen vergesellschaften.
Heimat: Brasilien (Stadtrand von Rio de Janeiro)
Größe: 4 cm
Becken: ab 50 cm
Wasser: 20-26 °C, weich/mittelhart, pH 6-7,5
Futter: wie vorherige

Schwarzer Neon
Hyphessobrycon herbertaxelrodi

Ideal für ein Neonbecken oder mit anderen ruhigen Fischen. Schwärme ab 8 Tieren in dicht bepflanzten Becken mit dunklem Bodengrund. Lebt in der mittleren und oberen Wasserzone.
Heimat: Amazonas-Einzugsgebiet
Größe: 4 cm
Becken: ab 60 cm
Wasser: 23-27 °C, weich, pH 6-7,2
Futter: Voll- und gefriergetrocknete Nahrung

Zitronensalmler
Hyphessobrycon pulchripinnis

Gut für das dicht bepflanzte Gesellschaftsbecken geeignet; Schwärme ab 8 Tieren beleben die mittlere Wasserzone mit freiem Schwimmraum.
Heimat: mittleres Brasilien
Größe: 5 cm
Becken: ab 60 cm
Wasser: 24-26 °C, weich/mittelhart, pH 6-7,5
Futter: gutes Markenfutter, Mückenlarven, Hafttabletten

Zitronensalmler

Rotaugen-Moenkhausie

Wasser: 22-28 °C, weich/mittelhart, pH 6-7,5
Futter: Vollnahrung, Frost- und gefriergetrocknetes Futter

Neonsalmler
Paracheirodon innesi

Foto S. 39 rechts. Farbenprächtige, friedfertige Fische für das gut bepflanzte Gesellschafts- oder Artbecken, die in den unteren und mittleren Wasserzonen leben. Schwarm ab 10 Tiere.
Heimat: Kolumbien, Peru, Brasilien (oberer Amazonas); im Handel nur Nachzuchten
Größe: 4 cm
Becken: ab 50 cm
Wasser: gut aufbereiten (Torfextrakt), 24-28 °C, weich/mittelhart, pH 6-7,5
Futter: Vollnahrung, Mikrofutter, Tabletten

Rotaugen-Moenkhausie
Moenkhausia sanctaefilomenae

Gern gepflegter Schwarmfisch (mindestens 6 Tiere) für das Gesellschaftsbecken mit guter Randbepflanzung und freiem Schwimmraum. Nutzt die mittlere Wasserschicht.
Heimat: trop. Südamerika
Größe: 6,5 cm
Becken: ab 80 cm

Leopardbärbling

Schrägschwimmer

Zebrabärbling

Schrägschwimmer
Thayeria boehlkei

Wirkt im Schwarm (ab 6 Tiere) durch seine Zeichnung und die wippende Schwimmweise. Mit Salmlern ähnlicher Ansprüche gut zu vergesellschaften. Liebt lockere Randbepflanzung und freien Schwimmraum.
Heimat: trop. Südamerika
Größe: 8 cm
Becken: ab 80 cm
Wasser: 22-26 °C, weich/mittelhart, pH 6-7,5
Futter: Vollnahrung, Frostfutter, gefriergetrocknete Insekten

KARPFENFISCHE

Leopardbärbling
Brachydanio frankei

Der Schwarmfisch (ab 8 Tiere) ist ein lebhafter Schwimmer, der die oberen und mittleren Wasserzonen im Aquarium nutzt. Leicht zu züchten, daher gehört er seit seinem Auftauchen im Zoofachhandel zum Standardsortiment.
Heimat: Zuchtform
Größe: 5 cm
Becken: ab 60 cm
Wasser: 22-26 °C, weich/mittelhart, pH 6,5-7,5
Futter: Vollnahrung, Frost-, gefriergetrocknetes Futter

Zebrabärbling
Brachydanio rerio

Altbekannter Schwarmfisch (ab 8 Tiere), der sich leicht vermehrt. Bevorzugt die oberen und mittleren Wasserschichten mit reichlich Schwimmraum. Randbepflanzung mit hochwachsenden Arten. Gut mit anderen Friedfischen zu vergesellschaften.
Heimat: Indien, Pakistan
Größe: 5 cm
Becken: ab 60 cm
Wasser: 18-26 °C, weich/mittelhart, pH 6-7,5
Futter: Markenfutter, Hafttabletten, gefriergetrocknete Insekten

Siamesische Rüsselbarbe
Crossocheilus siamensis

Gerne als „Putzerfisch" eingesetzt. Liebt dichtbepflanzte Aquarien mit glatten Steinen und Wurzeln. Im Schwarm ab 6 Tieren pflegen.
Heimat: Thailand
Größe: 12-14 cm
Becken: ab 80 cm
Wasser: weiches, huminsäurehaltiges Wasser; 22-28 °C, weich/mittelhart, pH 6,5-7,5
Futter: Futtertabletten mit hohem Pflanzenanteil

Siamesische Rüsselbarbe

Malabarbärbling

Malabarbärbling
Danio aequipinnatus

Belebt im Gesellschaftsaquarium die oberen Wasserzonen. Fühlt sich in am Rand gut bepflanzten Bekken mit viel Schwimmraum wohl. Schwarm ab 8 Tiere pflegen.
Heimat: Vorderindien, Sri Lanka
Größe: 8-10 cm
Becken: ab 100 cm
Wasser: 24-28 °C, weich/mittelhart, pH 6,5-7,5
Futter: Vollnahrung, gefriergetrocknete Insekten, Spezialitäten

Prachtbarbe
Puntius conchonius

Für gut bepflanzte Gesellschaftsaquarien mit freiem Schwimmraum. Im Schwarm ab 6 Tiere gut mit robusten Fischen zu vergesellschaften.
Heimat: Vorderindien (Bengalen, Assam)
Größe: 8 cm, Importtiere bis 10 cm
Becken: ab 100 cm
Wasser: 18-26 °C, weich/mittelhart, pH 6,5-7,5
Futter: Vollnahrung, Tabletten, Frost- und gefriergetrocknete Nahrung

Purpurkopfbarbe
Puntius nigrofasciatus

Foto Umschlagrückseite. Mit anderen Barben gut zu vergesellschaften. Fühlen sich im Schwarm (ab 7 Tiere) zwischen dichten Pflanzenbeständen und langen Schwimmpflanzenwurzeln am wohlsten. Dunkler Boden.
Heimat: Sri Lanka
Größe: 7 cm
Becken: ab 80 cm
Wasser: 24-26 °C, weich/mittelhart, pH 6-7,5
Futter: gutes Markenfutter und Spezialitäten

Eilandbarbe
Puntius oligolepis

Wenn sie sich wohl fühlen, zeigen die Schwarmfische (ab 6 Tiere) ihre herrliche Kupferfarbe. Becken gut bepflanzen, dunkler Bodengrund, Wurzeln als Dekkung.
Heimat: Indonesien, Sumatra, Padang
Größe: 5 cm
Becken: ab 60 cm
Wasser: 22-26 °C, weich/mittelhart, pH 6-7,5
Futter: Vollnahrung, Gefriergetrocknetes, Tabletten

Messingbarbe
Puntius semifasciolatus

Für das gut bepflanzte Gesellschaftsbecken. Die mun-

Eilandbarbe

Messingbarbe

teren Schwarmfische (ab 7 Tiere) halten sich in den unteren und mittleren Wasserzonen auf.
Heimat: Südost-China
Größe: 8 cm
Becken: ab 80 cm
Wasser: 18-26 °C, weich/mittelhart, pH 6,5-7,5
Futter: Vollnahrung, Tabletten, Frostfutter, Spezialitäten

Sumatrabarbe
Puntius tetrazona

Foto S. 22 unten. Sie hat schon viele Menschen zu Aquarianern werden lassen. Am besten mit anderen munteren Barben vergesellschaften, aber nicht mit langflossigen Formen. Im Schwarm ab 6 Tiere. Neben der auf S. 22 abgebildeten Nominatform gibt es eine wunderschön moosgrün schillernde Zuchtform mit den gleichen Pflegeansprüchen (Bild S. 1 links).
Heimat: Sumatra, Borneo
Größe: 7 cm
Becken: ab 80 cm
Wasser: 24-26 °C, weich/mittelhart, pH 6,5-7,5
Futter: Allesfresser, der abwechslungsreiche Nahrung braucht

Prachtbarbe, Schleierform

Bitterlingsbarbe
Puntius titteya

Fühlen sich in gut bepflanzten Becken mit freiem Schwimmraum und dunklem Bodengrund wohl. Schwarmfische, ab 6 Tiere. Männchen und Weibchen im Verhältnis 2 : 3 Tiere.
Heimat: Südost-China
Größe: 5 cm
Becken: ab 60 cm
Wasser: 22-28 °C, weich/mittelhart, pH 6-7,2
Futter: Vollnahrung, Hafttabletten

Keilfleckbarbe
Rasbora heteromorpha

Seit 80 Jahren ein beliebter Schwarmfisch (ab 8 Tiere) für Gesellschaftsaquarien mit friedlichen Arten. Dicht bepflanzte Becken mit Schwimmpflanzen und genügend Schwimmraum.
Heimat: Malaiische Halbinsel, Sumatra
Größe: 4,5 cm
Becken: ab 60 cm
Wasser: Wasser mit Torfextrakt aufbereiten; 23-28 °C, weich/mittelhart, pH 6-7,2
Futter: Vollnahrung, Gefriergetrocknetes, Tabletten

Kardinalfisch
Tanichthys albonubes

Foto Seite 38. Überaus beliebter und lebhafter Schwarmfisch (ab 10 Tiere), leicht züchtbar. Belebt die oberen Wasserzonen im Gesellschaftsaquarium. Braucht dichte Randbepflanzung und freien Schwimmraum.
Heimat: China (Kanton)
Größe: 4 cm
Becken: ab 50 cm
Wasser: 16-25 °C, weich/mittelhart, pH 6,5-7,5
Futter: Vollnahrung, Mikrofutter, gefriergetrocknete Insekten

WELSE

Blauer Antennenwels
Ancistrus dolichopterus

Foto S. 40. Dämmerungsaktiv, mit interessantem Verhalten. Für Aquarien mit robustem Pflanzenwuchs, glatten Steinen und Wurzeln als Unterstand und zum Abraspeln. Weiden Algen ab. Ein Paar halten.
Heimat: Amazonas-Einzugsgebiet
Größe: 10-15 cm
Becken: ab 80 cm
Wasser: 22-26 °C, weich, pH 6-7,2
Futter: mit hohem Pflanzengehalt; auch Tabletten (bei Futtermangel werden Pflanzen gefressen!)

Metall-Panzerwels
Corydoras aeneus

Zur Belebung der Bodenzone sind sie bestens geeignet.

Bitterlingsbarbe

Keilfleckbarbe

Größe: 25 cm
Becken: ab 100 cm
Wasser: 22 - 28 °C, weich/ mittelhart, pH 6 - 7,5
Futter: Vollnahrung mit Pflanzenanteil, Tabletten

TIP: Alle Panzerwelsarten benötigen feinkörnigen, runden Bodengrund ohne scharfe Kanten, damit sie sich auf Nahrungssuche beim Gründeln im Bodengrund nicht die Barteln verletzen oder gar abschaben können.

Wichtig ist runder, feinkörniger Bodengrund. Gruppen ab 5 Tiere pflegen (2 Männchen mit 3 Weibchen vergesellschaften).
Heimat: Trinidad bis La Plata
Größe: 6 cm
Becken: ab 60 cm
Wasser: 20 - 26 °C, weich/ mittelhart, pH 6 - 7,5
Futter: spezielle Futtertabletten

Punktierter Panzerwels *Corydoras paleatus*

Foto S. 37 unten. Zusammen mit anderen Panzerwelsen gut in der unteren Wasserzone im Gesellschaftsbecken zu pflegen. Runder, feinkörniger Bodengrund ist wichtig. Gruppen ab 5 Tiere pflegen (2 Männchen mit 3 Weibchen).
Heimat: La-Plata-Einzug
Größe: 7 cm
Becken: ab 60 cm
Wasser: 18 - 26 °C, weich/ mittelhart, pH 6 - 7,5
Futter: spezielle Futtertabletten

Siamesische Saugschmerle *Gyrinocheilus aymonieri*

Als Jungtiere sind Saugschmerlen gute Algenfresser. Die Erwachsenen sind zänkisch, daher einzeln halten. Brauchen hohle Wurzeln und Steine als Unterstand. Mit großen Fischen vergesellschaften.
Heimat: Hinterindien, Thailand

Metallpanzerwels

Siamesische Saugschmerle

Streifenhechtling

Ohrgitter-Zwergharnischwels
Otocinclus affinis

Foto S. 36. Ein idealer Algenfresser für gut bepflanzte Becken mit Wurzeln und glatten Steinen. Mit friedlichen, ruhigen Fischen vergesellschaften. Gruppen ab 5 Tiere.
Heimat: Amazonas-Einzugsgebiet bis Mündung
Größe: 3,5 bis 5 cm
Becken: ab 50 cm
Wasser: 20-28 °C, weich/mittelhart, pH 6-7,5
Futter: Vollnahrung mit hohem Pflanzenanteil, Tabletten

KILLIFISCHE

Streifenhechtling
Aplocheilus lineatus

Hält sich gerne zwischen Schwimmpflanzen auf und läßt sich leicht züchten. Ein Männchen mit 2-3 Weibchen pflegen. Gut mit gleich großen, ruhigen Fischen zu vergesellschaften.
Heimat: Vorderindien, Sri Lanka
Größe: 10 cm
Becken: ab 80 cm
Wasser: 22-28 °C, weich/mittelhart, pH 6-7,5
Futter: gefriergetr. Insekten, schwimmfähige Vollnahrung; kleine Fische

Gemeiner Hechtling
Aplocheilus panchax

Hält sich gerne unter Schwimmpflanzenwurzeln auf. Ein Männchen mit 2-3 Weibchen. Läßt sich leicht vermehren. Vergesellschaftung mit ruhigen, gleichgroßen Fischen.
Heimat: Sri Lanka, Thailand, Malaysia, Indonesien
Größe: 7 cm
Becken: ab 60 cm
Wasser: 20-26 °C, weich/mittelhart, pH 6-7,5
Futter: schwimmfähige Vollnahrung, gefriergetrocknete Insekten, Jungfische

LEBENDGEBÄRENDE ZAHNKARPFEN

Zwerg-Kärpfling
Heterandria formosa

Idealer Anfängerfisch. Bei uns in fast jedem Leitungswasser zu pflegen. Am besten im dicht bepflanzten Artbecken pflegen (1 Männchen auf 2-3 Weibchen).
Heimat: Florida, South-Carolina

Gemeiner Hechtling

Zwergkärpfling

Prachtguppys: Männchen, rechts Weibchen und Jungtiere

Größe: Männchen 2,5 cm, Weibchen 3 cm
Becken: ab 40 cm
Wasser: 18-26 °C, mittelhart, pH 6,5-7,5
Futter: kleine Vollnahrung, Mikrofutter

Guppy
Poecilia reticulata

Wegen seiner Vermehrungsfreudigkeit Millionenfisch genannt. Trächtige Weibchen in Ablaichkasten mit Javamoos setzen, damit die Jungen nicht gefressen werden.Vielfältige Zuchtformen. Mit ruhigen Fischen vergesellschaften. 1 Männchen auf 3 Weibchen. Einwandfreies Wasser, viele Pflanzen.
Heimat: Trinidad, Venezuela, nördliches Südamerika
Größe: Männchen 4-5 cm, Weibchen 6 cm
Becken: ab 40 cm
Wasser: 23-26 °C, mittelhart/hart, pH 6,5-8
Futter: gefriergetrocknete Mückenlarven, Mikrofutter, Vollnahrung, Tabletten

Spitzmaulkärpfling, Black Molly
Poecilia sphenops

Beliebter Fisch für den Erstbesatz; weidet Algen ab. Fühlt sich in dicht bepflanzten Becken wohl. Mit ruhigen Fischen, insbesondere anderen Lebendgebärenden vergesellschaften. Viele Zuchtformen. 1 Männchen zu 2-3 Weibchen.
Heimat: Mittelamerika, Kolumbien
Größe: 7 cm
Becken: ab 60 cm
Wasser: 24-28 °C, mittelhart, pH 6,5-8
Futter: Vollnahrung mit hohem Pflanzenanteil, Tabletten

Black Molly (Zuchtform)

Schwertträger

Schwertträger
Xiphophorus helleri

Beliebte, friedliche Schwarmfische für das bepflanzte Gesellschaftsbecken. 1 Männchen auf 3 Weibchen. Viele Zuchtformen und Farbvarianten.
Heimat: Mexiko, Mittelamerika
Größe: 10-12 cm
Becken: ab 80 cm
Wasser: 23-26 °C, mittelhart, pH über 7
Futter: Tabletten, pflanzliche Hauptnahrung, Spezialitäten

Platy, Spiegelkärpfling
Xiphophorus maculatus

Beliebte Fische mit vielen Farbvarianten für das dicht bepflanzte Gesellschaftsbecken. 1 Männchen auf 3 Weibchen. Können sich möglicherweise mit Schwertträgern kreuzen!
Heimat: Mittelamerika, Mexiko
Größe: Männchen 3,5 cm, Weibchen 6 cm
Becken: ab 60 cm
Wasser: 23-26 °C, mittelhart/hart, pH 6,5-8
Futter: Vollnahrung, Tabletten, Mikrofutter

KLETTERFISCHE

Siamesischer Kampffisch
Betta splendens

Foto S. 35 unten. Männchen bekämpfen sich, daher nur 1 Männchen, evtl. mit 2-3 Weibchen, im Gesellschaftsbecken mit friedlichen Fischen pflegen, die nicht an die Flossen gehen. Am besten Labyrintherbecken mit gutem Pflanzenwuchs.

TIP: Labyrinthfische atmen über Kiemen und nehmen zusätzlich Luft über das „Labyrinth“auf. Daher unbedingt einen Luftraum von 5 cm zwischen Wasseroberfläche und Abdeckscheibe lassen. Die Lufttemperatur soll 22 bis 30 °C betragen (s. S. 63).

Platy (Zuchtform)

Roter Zwergfadenfisch

Küssender Gurami

Heimat: Südostasien
Größe: 8 cm
Becken: ab 60 cm
Wasser: 25–30 °C, weich/mittelhart, pH 6,5–7,5
Futter: gefriergetrocknete Mückenlarven, Frostfutter, Lebendfutter

Roter Zwergfadenfisch
Colisa lalia

Fühlt sich im dicht bepflanzten Becken wohl. Mit ruhigen Fischen vergesellschaften, die nicht an den fadenartig ausgezogenen Bauchflossen knabbern. Mehrere Farbvarianten.
Heimat: Indien, Assam, Bangladesh
Größe: 5–6 cm
Becken: ab 60 cm
Wasser: 25–30 °C, weich/mittelhart, pH 6–7,5
Futter: Vollnahrung, gefriergetrocknete Insekten, Tabletten

Küssender Gurami
Helostoma temminckii

„Scheibenputzer". Im Gesellschaftsbecken mit ruhigen, robusten Fischen und hartlaubigen Pflanzen 1–2 Paare pflegen.
Heimat: Malaiische Halbinsel, Sumatra, Borneo
Größe: bis 25 cm (Zuchtformen 15 cm)
Becken: ab 120 cm
Wasser: 24–30 °C, weich/mittelhart, pH 6,5–7,5
Futter: große Vollnahrung, Tabletten

Paradiesfisch
Macropodus opercularis

Einige Schwimmpflanzen als Deckung. Im gut bepflanzten Becken mit Versteckmöglichkeiten mit gleichgroßen robusten Fischen vergesellschaften. Ein Männchen auf 2–3 Weibchen. Leicht zu vermehren (Schaumnest).
Heimat: Ostchina
Größe: 10 cm
Becken: ab 80 cm
Wasser: 18–28 °C, weich/hart, pH 6–8
Futter: Mückenlarven, farbgebende Markenfutter

Paradiesfisch

Mosaikfadenfische am Schaumnest

Mosaikfadenfisch
Trichogaster leeri

Für dicht bepflanzte Gesellschaftsbecken mit ruhigen, friedfertigen Arten. Schwimmpflanzen bieten Deckung sowie Halt für das Schaumnest. 1 Männchen auf 2 Weibchen.
Heimat: Malaysia, Sumatra, Borneo
Größe: 12 cm
Becken: ab 120 cm
Wasser: mit Torf aufbereiten; 25-29 °C, weich/mittelhart, pH 6,5-7,5
Futter: Vollnahrung, Frostfutter, gefriergetrocknete Insekten, Tabletten

Blauer Fadenfisch
Trichogaster trichopterus

Für dicht bepflanzte Gesellschaftsbecken mit friedlichen Arten gut geeignet. Einige Schwimmpflanzen als Stütze für das Schaumnest. 1 Männchen auf 2 Weibchen pflegen.
Heimat: Südostasien
Größe: 15 cm
Becken: ab 100 cm
Wasser: 25-29 °C, weich/mittelhart, pH 6,5-7,5
Futter: Hauptfutter, Tabletten, Frostfutter, gefriergetrocknete Insekten

BUNTBARSCHE

Afrikanischer Schmetterlingsbuntbarsch
Anomalochromis thomasi

Für gut bepflanzte Becken mit Wurzeln und glatten Steinen. 1-2 Paare mit friedlichen Fischen vergesellschaften. Zucht möglich.
Heimat: Westliches Afrika
Größe: 8-10 cm
Becken: ab 80 cm
Wasser: 24-28 °C, weich/mittelhart, pH 6-7,5
Futter: Vollnahrung, Frostfutter, gefriergetrocknete Insekten

Blauer Fadenfisch

Maroni-Buntbarsch

Afrikanischer Schmetterlingsbuntbarsch

Agassiz' Zwergbuntbarsch
Apistogramma agassizii

Für gut bepflanzte Becken mit Steinspalten und Wurzelholz. 1-2 Paare lassen sich mit friedlichen Fischen vergesellschaften und sogar züchten. Einige Farbvarianten.
Heimat: oberes und mittleres Amazonien
Größe: 8 cm
Becken: ab 80 cm
Wasser: 24-28 °C, weich/mittelhart, pH 5,5-7,2
Futter: vitaminisiertes Frostfutter, Lebendfutter

Maroni-Buntbarsch (Schlüssellochbuntbarsch)
Cleithracara maronii

Ein Paar der friedlichen Barsche eignet sich fürs gut bepflanzte Gesellschaftsbecken mit ruhigen Fischen. Stein- und Wurzelverstecke.
Heimat: Guyana-Länder
Größe: 12 cm
Becken: ab 100 cm
Wasser: 24-28 °C, weich/mittelhart, pH 6-7,5
Futter: Vollnahrung, Frostfutter, gefriergetrocknete Insekten

Tüpfelbuntbarsch
Laetacara curviceps

Dicht bepflanzte Aquarien mit Steinen und Wurzeln. Mit friedlichen Fischen der mittleren und oberen Wasserzonen. 1-2 Paare.
Heimat: Amazonas-Einzugsgebiet
Größe: 8 cm
Becken: ab 60 cm
Wasser: 22-26 °C, weich/mittelhart, pH 6-7,5
Futter: Vollnahrung, Frostfutter, Lebendfutter

Agassiz' Zwergbuntbarsch

Tüpfelbuntbarsch am Gelege

Schmetterlingsbuntbarsch
Microgeophagus (Papiliochromis) ramirezi

Eine der beliebtesten Arten. Ein Paar läßt sich gut im Gesellschaftsaquarium mit friedlichen Fischen der oberen und mittleren Wasserzone pflegen; dicht bepflanzen, mit Wurzeln und Versteckmöglichkeiten.
Heimat: Kolumbien, Venezuela
Größe: 6 cm
Becken: ab 60 cm
Wasser: mit Torf aufbereiten; 24-30 °C; weich, pH 5-7; Nachzuchten aus Südostasien: mittelhart, pH 7,5
Futter: mit Vitaminen angereichertes Frostfutter, Lebendfutter, Mückenlarven, Vollnahrung

Schmetterlingsbuntbarsch

Gestreifter Zwergbuntbarsch
Nannacara anomala

Foto S. 1 rechts. Wenn sie in dicht bepflanzten Becken mit Steinen und Wurzeln ablaichen, betreibt das Weibchen interessante Brutpflege. Ein Paar pflegen, mit ruhigen Fischen der oberen Wasserzone pflegen.
Heimat: Guyana
Größe: 9 cm
Becken: ab 60 cm
Wasser: 24-28 °C, mittelhart/hart, pH 6-7,5
Futter: Vollnahrung, Futtertabletten, vitaminisiertes Frostfutter

Purpurprachtbarsch

Purpurprachtbarsch
Pelvicachromis pulcher

Ideal für das Gesellschaftsaquarium. Ein Pärchen benötigt im dicht bepflanzten Aquarium mit Versteckmöglichkeiten (Steine, Wurzeln) ein Revier von 60 cm Länge.
Heimat: Westafrika
Größe: 8-10 cm

Becken: ab 80 cm
Wasser: über Torf filtern; 24–28 °C, weich/mittelhart, pH 6–7,5
Futter: Frostfutter, Tabletten, Spezialitäten

Zwergmaulbrüter
Pseudocrenilabrus multicolor

Fühlt sich im bepflanzten Becken mit friedlichen Mitbewohnern am wohlsten. Ein Männchen und zwei Weibchen. Interessante Fortpflanzung.
Heimat: Nordostafrika bis Tansania
Größe: 8 cm
Becken: ab 60 cm

Zwergmaulbrüter

Feuermaulbuntbarsch

Wasser: 23–27 °C, mittelhart/hart, pH 7–8
Futter: Vollnahrung, Frostfutter, Gefriergetrocknetes

Segelflosser, Skalar
Pterophyllum scalare

„König“ der Aquarienfische. In hinten und seitlich gut bepflanzten Becken mit mittelgroßen, ruhigen Fischen vergesellschaften (kleine werden gefressen). 5–6 Tiere. Mehrere Zuchtformen (Schwarz, Golden, Marmor, Rauch, Schleier).
Heimat: Amazonasbecken
Größe: 15–25 cm
Becken: ab 100 cm; hoch!
Wasser: über Torf filtern; 24–28 °C, weich/mittelhart, pH 5–7,5
Futter: vitaminisiertes Frostfutter, Mückenlarven, gutes Markenfutter

Feuermaulbuntbarsch
Thorichthys meeki

Bevorzugen Aquarien mit runden Steinen, Wurzelholz und dichter Randbepflanzung. Vergesellschaftung mit anderen Barschen und größeren Arten. Aus einer Gruppe von 4–6 Tieren findet sich ein Paar.
Heimat: Mittelamerika
Größe: 12–15 cm
Becken: ab 100 cm
Wasser: 22–28 °C, mittelhart/hart, pH 7–8
Futter: kräftige Futterbrokken, Mückenlarven, Futtertabletten

Skalare-Paar am Gelege

BUNTBARSCHE AUS DEM TANGANJIKASEE

Gelber Schlankcichlide
Julidochromis ornatus

Foto S. 58. Eine Gruppe im Becken mit Steinaufbauten voller Löcher und Spalten pflegen. Bandartige Pflanzen und Sand (Körnung 1–2 mm). Zucht möglich. In der Gruppe pflegen.
Größe: 8 cm
Becken: ab 60 cm
Wasser: 24–27 °C, hart, pH 7,5–8,5
Futter: Vollnahrung, Gefriergetrocknetes, Tabletten

Gelber Schlankcichlide

Prinzessin von Burundi

Prinzessin von Burundi
Neolamprologus brichardi

Einrichtung des Aquariums wie bei der vorigen Art; etwas mehr Sandfläche als Bodengrund. 4-6 Tiere.
Größe: 8 cm
Becken: ab 80 cm
Wasser: 24-27 °C, hart, pH 7,5-8,5
Futter: Vollnahrung, Gefriergetrocknetes, Tabletten

Tanganjika-Goldcichlide
Neolamprologus leleupi

Benötigt die gleiche Beckeneinrichtung wie die beiden vorherigen Arten. 4-6 Tiere pflegen.
Größe: 8 cm
Becken: ab 80 cm
Wasser: 24-27 °C, hart, pH 7,5-8,5
Futter: Vollnahrung, Gefriergetrocknetes, Tabletten

BUNTBARSCHE AUS DEM MALAWISEE

Türkisgoldbarsch
Melanochromis auratus

Männchen blauschwarz mit hellen, Weibchen gelb mit schwarzen Streifen. Becken mit vielen Verstecken (Felsaufbauten mit Löchern und Spalten), robuster Randbepflanzung und Sandboden (Kies 1-2 mm). Ein Männchen und 3 Weibchen der Maulbrüter mit anderen Malawisee-Cichliden vergesellschaften.
Größe: 12 cm
Becken: 100 cm, besser länger
Wasser: gut filtern und aufbereiten; 24-28 °C, hart, pH 7,5-8,5
Futter: Futter mit hohem Pflanzenanteil, Tabletten

Tanganjika-Goldcichlide

Kobaltorangebarsch (vorn)

Türkisgoldbarsch

Kobaltorangebarsch
Melanochromis johannii

Der Maulbrüter benötigt eine Beckeneinrichtung wie die vorgenannte Art und läßt sich mit anderen, gleich großen Malawisee-Cichliden vergesellschaften. 1 Männchen (kobaltblau) und 3 Weibchen (gelb).
Heimat: Malawisee
Größe: 10-12 cm
Becken: 100 cm, besser länger
Wasser: 24-28 °C, hart, pH 7,5-8,5
Futter: mit hohem Pflanzenanteil, Tabletten

HALBSCHNÄBLER

Hechtköpfiger Halbschnäbler
Dermogenys pusillus

Foto S. 37 oben. Lebendgebärende Fische für die oberste Wasserschicht. Ab 6 Tiere. Gut geeignet für Becken mit gleichgroßen Fischen. Einige Schwimmpflanzen.
Heimat: Südostasien
Größe: 6-7 cm
Becken: ab 60 cm
Wasser: 24-28 °C, weich/mittelhart, pH 6,5-7,5
Futter: gutes Granulatfutter, Mückenlarven, Anflug-Insekten sowie vitaminisiertes gefriergetrocknetes Futter verwenden.

Für Buntbarschbecken eignen sich nur robuste Pflanzen.

ZUM WEITERLESEN

Beck, Peter: Aquarien-ABC. Kosmos, Stuttgart 1992.
Brünner, Gerhard und **Peter Beck:** Neue Wasserpflanzenpraxis. Tetra, Melle, 8. Aufl. 1997.
Dreyer, Stephan und **Rainer Keppler:** Das Kosmos-Buch der Aquaristik. Kosmos, Stuttgart 1993.
Kahl, Wally und **Burkard** und **Dieter Vogt:** Der Kosmos-Atlas Aquarienfische. Kosmos, Stuttgart 1997.
Romig, Thomas: Aquarienfische. Kosmos, Stuttgart 1993.
Schubert, Gottfried und **Dieter Untergasser:** Krankheiten der Fische. Kosmos, Stuttgart 1994.
Untergasser, Dieter: Krankheiten der Fische. Kosmos, Stuttgart 1989.
Vierke, Jörg: Fischverhalten beobachten und verstehen. Kosmos, Stuttgart 1994.

REGISTER

Agassiz' Zwergbuntbarsch 55
Aktivkohle 12
Amazonas 30
Ancistrus dolichopterus 40, 48
Anomalochromis thomasi 54
Antennenwels 40
Anubias barteri 28
Apfelschnecken 37
Apistogramma agassizii 55
Aplocheilus lineatus 50
Aplocheilus panchax 50
Aponogeton crispus 28
Aquarienkies 16
Artenschutz 7
Aufstellen 15
Ausströmer 13

Bacopa caroliniana 28
Bakterien 34
Bakterienpräparat 36
Beckengröße 10
Beleuchtung 13
Betta splendens 35, 52
Biotope 6, 34
Bitterlingsbarbe 48
Black Molly 51
Blauer Antennenwels 40, 48
Bodengrund 16
Bodenheizung 11
Bolbitis heudelotii 28
Brachydanio frankei 45
Brachydanio rerio 45
Buchenlaub 16
Buntbarsche 54

Cabomba caroliniana 28
Cabomba palaeformis 28
Ceratophyllum demersum 29
Ceratopteris thalictroides 29
Cleithracara maronii 55
CO_2-Dauertest 12
CO_2-Depot-Anlagen 27
Colisa lalia 53
Corydoras aeneus 48
Corydoras paleatus 37, 49
Crinum thaianum 29
Crossocheilus siamensis 45
Cryptocoryne affinis 29
Cryptocoryne albida 29
Cryptocoryne aponogetifolia 29
Cryptocoryne bekettii 29
Cryptocoryne ciliata 30
Cryptocoryne undulata 30
Cryptocoryne wendtii 30
Cryptocoryne willisii 30
Cyclops 39

Danio aequipinnatus 46
Depotdünger 16
Dermogenys pusillus 59
Dünger 16
Durchlüftung 13

Echinodorus 7
Echinodorus amazonicus 30
Echinodorus cordifolius 30
Echinodorus parviflorus 30
Echinodorus tenellus 30
Egeria densa 31
Eichenblatt 33
Eilandbarbe 46
Eingewöhnen 37
Einkaufszettel 10
Einlaufphase 36
Einpflanzen 26
Einrichten 14, 17
Einsetzen 34, 37
Ektoparasiten 41

Fadenfisch 54
Fertigfutter 38
Fettblatt 28
Feuermaulbuntbarsch 57
Filter 11
Filterkohle 12
Filtermaterial 12
Fischauswahl 36
Fische 34
Fischernährung 38
Fischfang 6
Fischkauf 37
Fischkrankheiten 41
Fischzucht 34
Flußfarn 28
Frösche 37
Frostfutter 40
Futter 38
Futtertabletten 40

Garnelen 37
Gesamthärte 20
Gestalten 16
Gewicht 10
Glocke 13
Glotzaugen 41
Glühlichtsalmler 42
Graspflanze 32
Guppy 51
Gurami 53
Gymnocorymbus ternetzi 39, 42
Gyrinocheilus aymonieri 49

Haarnixe 28
Hakenlilie 24, 29
Halbschnäbler 37, 59
Härte 20
Hechtlinge 50
Heimat 6
Heizung 11
Helostoma temminckii 53
Hemigrammus erythrozonus 42
Hemigrammus ocellifer 42
Hemigrammus pulcher 35, 42
Heterandria formosa 50
Hornblatt 29
HQL-Lampen 13
Hydrocothyle leuocoephala 31
Hygrophila corymbosa 31
Hygrophila difformis 31
Hygrophila polysperma 31
Hyphessobrycon bentosi bentosi 42
Hyphessobrycon flammeus 4, 43
Hyphessobrycon herbertaxelrodi 43
Hyphessobrycon pulchripinnis 43

Ichthyophthirius 41
Indischer Wasserfreund 15
Isolierplatte 15

Javafarn 32
Javamoos 17, 33
Julidochromis ornatus 57

Kahmhaut 23
Kampffisch 35, 36, 52
Karbonathärte 21

Kardinalfisch 38, 48
Karfunkelsalmler 35, 42
Kardinalfisch 38
Karpfenfische 45
Keilfleckbarbe 48
Kies 16
Killifische 50
Klarwasser 6, 18
Kletterfische 52
Kobaltorangebarsch 59
Küssender Gurami 53

Laetacara curviceps 55
Langzeitdünger 16, 26
Laub 16
Laugenschaden 41
Lebendfutter 39
Lebendgebärende Zahnkarpfen 50
Lebensbedingungen 6
Lebensraum 19
Leopardbärbling 45
Licht 13
Lilaeopsis brasiliensis 32
Limnophila sessiliflora 32
Luftpumpe 13

Macropodus opercularis 53
Malabarbärbling 46
Malawisee-Cichliden 58
Maroni-Buntbarsch 55
Melanochromis auratus 58
Melanochromis johannii 59
Messingbarbe 46
Microgeophagus ramirezi 56
Microsorium pteropus 32
Mietwohnung 9
Millionenfisch 51
Moenkhausia sanctaefilomenae 44
Molly 51
Mosaikfadenfisch 54
Mückenlarven 39
Mulmsauger 13

Nachzuchten 7, 34
Nährstoffe 25, 38
Nannacara anomala 56
Neolamprologus brichardi 58
Neolamprologus leleupi 58
Neonsalmler 9, 39, 44
Nitrat 35
Nitrit 35, 36

Otocinclus affinis 36, 50

Panzerwelse 37, 48, 49
Papiliochromis ramirezi 56
Paracheirodon innesi 39, 44
Paradiesfisch 53
Parasiten 41
Pelvicachromis pulcher 56
Pfeilkraut 32
Pflanzen 25
Pflanzenernährung 26
Pflanzenpflege 26
Pflanzenprobleme 27
pH-Wert 21
Platy 19, 52
Poecilia reticulata 51
Poecilia sphenops 51
Prachtbarbe 46
Prinzessin von Burundi 58
Pseudocrenilabrus multicolor 57
Pterophyllum scalare 57
Puntius conchonius 46
Puntius nigrofasciatus 46, Umschlagrückseite
Puntius oligolepis 46
Puntius semifasciolatus 46
Puntius tetrazona 22, 47
Puntius titteya 48
Purpurkopfbarbe 46, Umschlagrückseite
Purpurprachtbarsch 56

Rasbora heteromorpha 48
Riesenwasserfreund 31
Rotala rotundifolia 32
Rotaugen-Moenkhausie 44
Roter von Rio 4, 43
Rückwand 16

Sagittaria platyphylla 32
Sagittaria subulata 32
Salmler 42
Samtkrankheit 41
Saprolegnia 41
Sauerstoffgehalt 21
Sauerstoffmangel 22, 41
Sauerstoffsättigung 22
Sauerstoffzehrung 22
Säureschaden 41
Schadstoffabbau 36
Schaltuhr 17
Schaumnest 54
Schaumstoffilter 12
Scheuern 41
Schlankcichlide 57
Schlüssellochbuntbarsch 55
Schlußlichtsalmler 42
Schmetterlingsbuntbarsch 56
Schmetterlingsbuntbarsch, Afrikanischer 54
Schmucksalmler 42
Schnecken 23, 37
Schnellfiltereinsatz 12
Schrägschwimmer 45
Schwarmfische 36
Schwarzer Neon 43
Schwarzwasser 6, 18
Schwertpflanze 30
Schwertträger 52
Segelflosser 57
Shinnersia rivularis 33
Siamesische Rüsselbarbe 45
Siamesische Saugschmerle 49
Sicherheit 9
Sicherheitstest 13
Skalar 57
Spiegelkärpfling 52
Spitzmaulkärpfling 51
Standort 10
Startbakterien 12, 17
Steine 14, 16
Stickstoffkreislauf 36
Streifenhechtling 50
Sumatrabarbe 47, 22
Sumatrafarn 29
Sumpffreund 32
Sumpfschraube 33

Tablettenfutter 40
Tanganjika-Goldcichlide 58
Tanganjikasee-Cichliden 57
Tanichthys albonubes 38, 48
Teilwasserwechsel 35, 63
Temperatur 11, 21
Thailand-Hakenlilie 24
Thayeria boehlkei 45
Thermofilter 11
Thermometer 11
Thorichthys meeki 57
Torf 12
Transport 37
Trauermantelsalmler 39, 42
Trichogaster leeri 54
Trichogaster trichopterus 54
Tropfkörper 12
Trübung 23
Tubifex 39
Tüpfelbuntbarsch 55
Türkisgoldbarsch 58

Vallisneria spiralis 33
Vergesellschaften 36
Vergiftungen 41
Verpilzungen 41
Vesicularia dubyana 33

Waseraufbereitungsmittel 17
Wasserähre 28
Wasserflöhe 39
Wasserfreund 31
Wasserkelch 29
Wassernabel 31
Wasserpest 31
Wasserpflanzen 25
Wasserprobleme 23
Wassertypen 6
Wasserwechsel 35, 63
Wasserwedel 31
Wasserwegerich 30
Wasserwerte 18, 21
Wasserzonen 36
Weißwasser 6, 18
Welse 48
Wurzelholz 14
Wurzeln 16

Xiphophorus helleri 52
Xiphophorus maculatus 52

62

Zahnkarpfen, Lebendgebärende 50
Zebrabärbling 45
Zitronensalmler 43
Zucht 7, 34
Zwerg-Kärpfling 50
Zwerganubias 28
Zwergbuntbarsch 55, 56
Zwergfadenfisch 53
Zwergharnischwels 36, 50
Zwergkrallenfrösche 37
Zwergmaulbrüter 57
Zwergspeerblatt 28

Autor und Verlag danken der Familie Landes mit ihren Mitarbeitern (Kölle Zoo Stuttgart) sowie den Firmen Dupla, Eheim, Gula und Müller & Pfleger für die freundliche Unterstützung.

BILDNACHWEIS

Farbfotos von Peter Beck (34: S. 4u, 5o, 5u, 6l, 6r, 7, 8o, 9u, 14u, 15o, 16l, 16r, 17u, 18o, 18m, 18u, 20o, 20u, 21, 22o, 24o, 24u, 25o, 25u, 26, 27, 29r, 30o, 34o, 34m, 34u, 40u, 59u, Außenklappe or), Eheim/Müller & Pfleger (4: S. 3, 8u, 11, 13), Burkard Kahl (alle übrigen 80 Aufnahmen), Michael Prasuhn (4: S. 12l, 12r, Außenklappe) und Reinhard-Tierfoto (2: S. 35u, 51u).

Schwarzweißzeichnungen von Müller & Pfleger (S. 10), Angela Paysan (S. 36 Fisch) und Walter Söllner (S. 36 Pflanze).

IMPRESSUM

Umschlaggestaltung von eStudio Calamar unter Verwendung von 4 Farbfotos von Burkard Kahl (1: Vorderseite), Frank Hecker (1: Rückseite Mitte) und Peter Beck (2: Rückseite).

Mit 124 Farbfotos, 1 Farbzeichnung und 1 Schwarzweißzeichnung.

Die Deutsche Bibliothek – CIP-Einheitsaufnahme
Ein Titelsatz für diese Publikation ist bei
Der Deutschen Bibliothek erhältlich

Gedruckt auf chlorfrei gebleichtem Papier

2. Auflage

ISBN 3-440-09287-9
Redaktion: Angela Beck
Gestaltungskonzept: Atelier Reichert, Stuttgart
Gestaltung: Gisela Dürr, München
Satz: Punkt Komma Strich, Deizisau
Printed in Italy / Imprimé en Italie
Druck und Bindung: Printer Trento S. r. l., Trento

Postfach 10 60 11
D-70049 Stuttgart
TELEFON +49 (0)711-2191-0
FAX +49 (0)711-2191-422
WEB www.kosmos.de
E-MAIL info@kosmos.de

Extra

WICHTIGE PFLEGEMASSNAHMEN

Täglich

- Funktion der technischen Geräte prüfen (auch CO_2-Dauertest und CO_2-Zufuhr am Blasenzähler).
- Wasserdurchfluß durch den Filter prüfen (auch an die Schlauchanschlüsse denken).
- Gesundheit und Appetit der Fische beobachten.
- Pflanzen beobachten.
- Dünger nach Gebrauchsanweisung zugeben.

Wöchentlich

- Alle 1–2 Wochen 1/5 bis 1/4 des Beckenwassers gegen Leitungswasser austauschen und Wasseraufbereitungsmittel zugeben.
- 2 Tage später Standarddünger (mit Kalium) zugeben und CO_2-Dauertest-Reagenz austauschen.
- Alle 1–2 Wochen KH, pH, Fe und Sauerstoff testen – möglichst immer zur gleichen Tageszeit.
- Deckscheibe und oberen Beckenrand mit 10%iger Salzsäure säubern.
- Scheiben mit Algenmagnet oder Scheibenreiniger putzen.
- Gelbe Blätter und Pflanzenreste entfernen.
- Futterring säubern.

Monatlich

- Sauerstoffzehrung messen (s.S. 22), Nitrat testen (bei mehr als 40 mg Nitrat 1/3 Wasser wechseln; s.S. 35).
- Mulm absaugen.
- Je nach Verschmutzungsgrad einen Teil des Filtermaterials mit lauwarmem Wasser säubern oder austauschen; Bakterienpräparat zugeben.
- Stengelpflanzen einkürzen und Kopfstecklinge sowie zu lang gewordene Seitentriebe neu setzen.
- Schwimmpflanzen auslichten.
- CO_2-Vorrat kontrollieren.

In größeren Abständen

- Alle 3 Monate den Pumpenkopf des Filters säubern.
- Alle 8–10 Monate die Röhren wegen technischer Alterung austauschen (nicht alle Röhren auf einmal wechseln, sondern im Wochenabstand).
- Einmal jährlich Bodengrunddüngung mit Düngekugeln auffrischen.

Das Aquarium im Urlaub

Wegen eines Aquariums braucht man auf den wohlverdienten Urlaub nicht zu verzichten. Das maßvoll besetzte und gut bepflanzte Becken wird rechtzeitig auf den Urlaub vorbereitet:

- 3 Wochen vorher keine neuen Fische mehr einsetzen.
- 5 Tage vorher den Filter reinigen und stark verschmutztes Filtermaterial austauschen; Bakterienpräparat zugeben.
- Anschließend prüfen, ob alle technischen Geräte einwandfrei funktionieren.
- 3 Tage vorher 1/3 des Wassers wechseln und Wasseraufbereitungsmittel zugeben.
- Die Zeitschaltuhr so einstellen, daß die Beleuchtung um 14.00 Uhr an– und um 22.00 Uhr ausgeht (Licht hält auch Einbrecher fern).
- Einige Fastentage haben noch keinem Fisch geschadet.
- Bei mehr als 2wöchiger Abwesenheit einen Futterautomaten verwenden. Wichtig ist, als Tagesration die Hälfte der normalen Futtermenge einzustellen und den Automaten schon einige Tage vor der Abreise in Betrieb zu nehmen, um zu prüfen, ob alles funktioniert.
- Wenn Freunde oder Bekannte die Fische füttern sollen, wird das Futter am besten in Tagesrationen bereitgelegt. Aus mißverstandener Sorgfalt wird sonst leicht zuviel gegeben, was das Wasser verdirbt.
- Hinterlassen Sie eine schriftliche Anweisung, wie die Temperatur und die Gerätefunktionen überprüft werden sollen und was im Notfall zu tun ist.
- Hinterlassen Sie Anschrift und Telefonnummer Ihres Zoofachhändlers und wo Sie selbst im Urlaub erreichbar sind.

Sicherheit im Aquarium

- Stabilität von Standort und Unterschrank prüfen.
- Auf TÜV-, VDE- und GS-Zeichen achten.
- FI-Schalter vor der Stromzufuhr einbauen (unterbricht bei Gerätedefekt die Stromzufuhr).
- Vor allen Arbeiten am Aquarium Gerätestecker ziehen!
- Rückschlagventil hinter Luftpumpe und CO_2-Depot einbauen.
- Schlauchverbindungen und Filter regelmäßig auf Dichte prüfen.
- Silikonverklebungen beim Säubern nicht mit Klingen beschädigen, sondern mit Filterwatte algenfrei halten.

Vorbeugen und Heilen

- Bei kurzen Wegen unter 45 min und großzügiger Verpak-

Extra

kung sollten die gekauften Fische ohne Sauerstoffzugabe transportiert werden (dies gilt besonders für Panzerwelse, die außerdem immer einzeln verpackt werden).
► Vor dem Einsetzen das Transportwasser testen (KH, pH, Sauerstoff). Bei deutlichen Abweichungen zum Aquarienwasser die Umgewöhnung sehr langsam und in kleinen Schritten vornehmen (s.S. 37).
► Für neugekaufte oder pflegebedürftige Fische sowie Jungfische ein weiteres Becken bereithalten.
► Im Krankheitsfall Medikamente genau nach Gebrauchsanweisung dosieren.
► Kranke Tiere ggf. im separaten Becken behandeln, tote entfernen. Verwendete Netze mit behandeln und anschließend mit kochendheißem Wasser abspülen.
► Nach jedem Medikamenteneinsatz im Becken beste Filterkohle einsetzen; nach 3 Tagen entfernen, Teilwasserwechsel vornehmen, düngen, Starterbakterien zugeben.

AQUARIENPASS

Maße/Wasserinhalt ______________________

eingerichtet am ______________________

Filtertyp ____________ Düngesystem ____________

Röhrentyp ____________ nächster Röhrenwechsel am ____________

1. Fischbesatz am ____________ Unser Zoofachhändler ____________

Arten ____________ ____________

Fische zugekauft am ____________ ____________

Arten ____________ ____________

Wasserwert	Leitungswasser	Idealwert*	Datum	Datum	Datum
Temperatur					
Karbonathärte KH					
Gesamthärte GH					
pH-Wert					
Nitrit NO_2		0			
Nitrat NO_3		unter 40 mg/l			
Sauerstoff O_2		über 80%			
Eisen Fe		0,1 mg/l			
Phosphat PO_4		unter 0,1 mg/l			
Kohlensäure CO_2		bis 10 mg/l			

* hier die Ansprüche der gewünschten oder gepflegten Fischarten eintragen